全球最強**25**人手帳大揭祕 **x 99**本熱血手帳徹底調查

給我看
你的手帳吧！

一起來手帳同樂會 ——— 著

PART 01

PART 02

166　**精彩！立刻就有滿滿的點子** — 每個人的開心手帳活用術

180　**變身！可用於筆記裡的可愛插畫**—讓四色鋼珠筆點綴你的手帳！

186　**2017 年我來了！血型手帳診斷室**—從自己血型挑選最適合的手帳吧！

我無法想像
沒有手帳的日子

夢想成眞的祕訣是什麼？

你們以為我又要說：「把夢想寫在手帳上，就會成眞！」對吧？這麼老掉牙的話，我放在第一篇不害羞嗎？嗯，我還眞不害羞。沒有寫手帳習慣的人，可能無法理解這瘋狂的言論是怎麼一回事。如果看完這本《給我看你的手帳吧！全球最強 25 人手帳大揭祕 x 99 本熱血手帳徹底調查》或許就能明白其中一二。

書中受訪者說得我心有戚戚焉：「手帳應該隨時能夠為我們和真實環境搭起橋樑。如果你能夠真切地感受每個時刻。」接著他又說：「手帳是一個可以自由自在的地方。在我的手帳裡沒有什麼規則或限制。如果你仔細想想，其實沒有什麼現實的地方能夠完全屬於自己。而手帳卻能讓人完全地自由，它是創造力的泉源，也是一位無論好或壞的時刻都會陪伴、傾聽我的夥伴。」

科技進步，大家手寫紀錄事情的機會越來越少，甚至連用手機紀錄的機會也不太頻繁，了不起就是拍照上傳至網路。而這些到現在還在認眞寫手帳的人，包括我，為什麼還能持續不斷紀錄呢？因為，寫下目標、代辦事項或是想前往的地方、想買的東西等等，手帳就會在你寫下的那一刻，在心中留下烙印，默默地提醒著你，驅使你達成目標、完成夢想。只要體驗過這樣經驗的人，就會不斷延續這個別人看起來很不可思議的傳統紀錄方式。

大家不妨試試看吧，希望有機會能對你們說：「給我看你的手帳吧！」（求）

What's the secret making dream come true ?

You probably think I am going to say like" writing dream down to the notebook will make it! " Right? Do I feel shy to say such a corny thing on the very first line? Well… I don't. For people who don't really used to note everything would probably don't get the point of this crazy obsessed talking. However, they will get it eventually after read this book.

To quote a participant from the book, "notebooks should be filled in real time and real environment. Everyplace is suitable if it can take the feeling in that moment." I cannot agree more! And it goes like "Inside the borders of notebook there are not rules or reestrictions. If you thing about it, there are not many physical places where you set the rules. Full freedom. It's a fountain of creativity and a partner which listens to me in good and bad moments."

As technology advances, people rarely use handwritten notes nowadays. Even with smart phone, people usually just take photos and upload them to social network. Some people still keep the habits of writing on notebooks, including me. Why? When writing down your goals, your to-do list, or the places you want to go, these things become marks in your heart. These marks then turn into reminder, driving you to achieve your goals and dreams. It might seems odd for some people that this traditional way of recoding things are being kept. However, whoever has the experience will continue using handwritten notes.

Everyone should give it a try. I look forward to having the chance of saying this to you in the future, " May I take a look at your notebook please? "

照見他們的人生，
那些或濃或淡的軌跡－

吳志寧的手帳！

6 年前

將相似詞彙寫在同一行，例如：藍天、微風、夏季等等。如果寫詞的靈感湧現，卻又突然臨時想不起一些字詞時，就能即時翻閱這本筆記本。

5 年前 ▼

志寧對於工作室的規畫。詳實仔細地畫下，理想中工作室平面圖，與坪數規畫。

現在 ▼

現在的筆記本，偶爾會有老婆亂入。默默留下撒嬌和關懷的留言。

手帳力 POINT

雖然近年因工作繁忙與家庭的關係，私人的時間越來越少。不過，寫筆記本還是不能少！一定要在筆記本上寫下自己的構想，唯有用筆記本才是最方便發想與改正。

廖人帥的手帳！

手帳力 POINT

「啊啊啊，我現在幾乎沒在用筆寫字了！」雖是這麼說，Leo 依然翻出不少紙本的發想軌跡。只是現在是先在電腦上打好完整的大綱、架構，再在紙本上調整細節。

10 年前 | 現在

這是 2005 年時，廖人帥幫 Channel [V] 想的形象廣告。是利用小學生的數學作業簿畫廣告分鏡圖。雖然這個構想因為太血腥而沒被採用，但現在回頭看，真覺得這創意很不錯呢！

現在無論是廣告或是 MV 的構想，較不會寫或畫在筆記本內。採取的方式是先在電腦內打出流程和架構，再列印出來發想、修正，和藝人或相關工作人員討論。

奶油隊長的手帳！

手帳力 POINT

奶油隊長可以說是持之以恆寫手帳的最佳典範。無論是在記帳、貼上收集到的貼紙、籤詩，或是每日的生活呢喃；奶油隊長每年每日都確實紀錄著他的手帳。

6 年前 | 2 年前 | 現在

  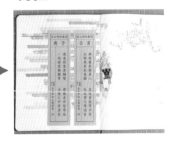

喜愛吃水果的奶油隊長，把水果上的貼紙貼滿整面手帳！竟然還有籤詩！

奶油隊長最喜歡的水果應該是奇異果吧！又是一頁貼滿水果貼紙的手帳！

籤詩發現！據本人說法，因為廟離家近，所以常會去拜拜、求籤，以求全家平安。

突襲！
每年都在寫手帳嗎？

CASE **01**

將童趣揉進精細的手帳插畫中

插畫家 (51)

Illustrator

Type / Moleskine
Weigh / 跟蘋果一樣重
Height / 大概是 A4

WHAT'S IN MY BAG

筆記本、幾支筆、備用墨水。有時候也會帶手機充電器。

繪圖不追求寫實，
只求個人風格的旅遊手帳

因念建築而開始的手帳之路

1990 年念建築學位時，便開始使用手帳。大約在 1996 年至 2005 年時，我幾乎把力氣都投入在研發電腦遊戲上，所以沒有花什麼時間在手帳上。而最頻繁花心思在筆記本上，則是在最近十年。至於寫手帳的地點嘛，任何地方都可以！

我很喜歡在旅遊時用手帳做紀錄，不過，我自己較不偏向畫一些寫實的東西。我喜歡用自己的風格，畫出我去過的地方。我常使用的手帳工具是鋼筆。雖然我沒買過很貴的手帳，但我倒是買了非常昂貴的筆。（笑）

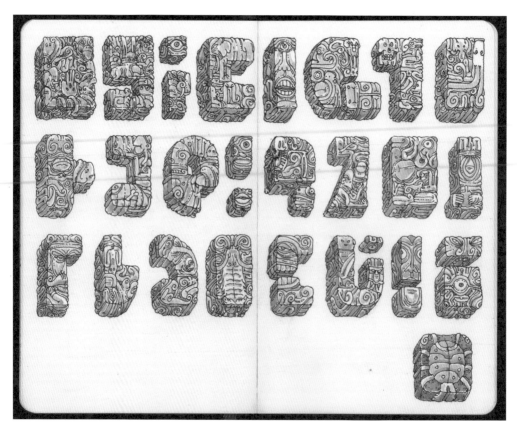

其實，我不覺得自己的手帳很特別。（笑）

寫手帳的方式，
隨著時間也有所改變

IDEA

不一定要畫得很逼真，有自己的風格會更有特色呢！

幾年前，我在筆記本生產工廠買了一大堆的手帳，這至少可以讓我五年多，都不用再去文具店買手帳了！（笑）我自己寫手帳的方式，其實也是隨著時間有些許改變。不過，不確定是不是因為筆記本也老舊了的關係而看起來不同。

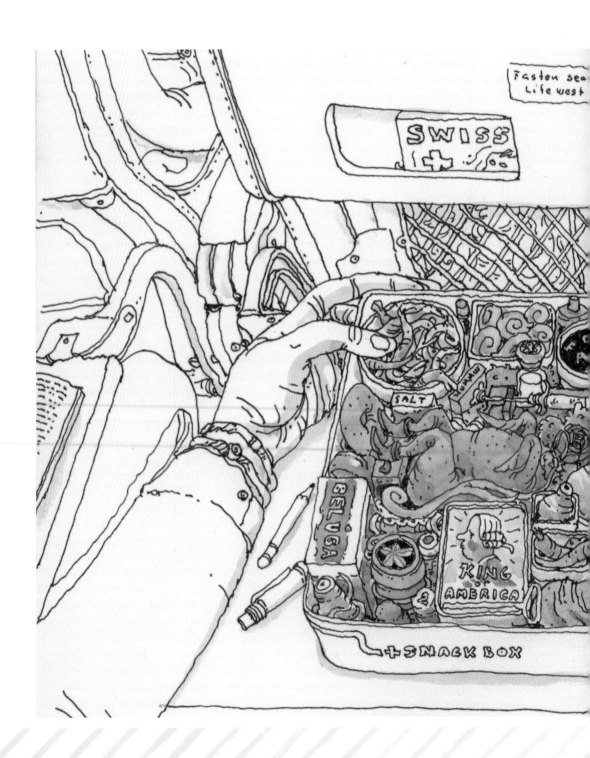

夢想手帳

我想應該就像達文西的素描本！

去年曾造訪臺灣的 Mattias Adolfsson，想跟粉絲們說：

Hello! Hope to visit your beautiful island again soon!
希望很快能夠再度造訪臺灣這個美麗的小島！

CASE **02**

精巧細膩的西班牙鋼筆速寫玩家

José Naranja

前航空工程師，現在為全職的筆記本製造者。(38)

Ex Aeronautical Engineer, now full time notebookmaker

Type / Moleskine

weight / 喔老天，我會在它停止變厚的時候告訴你，但它目前為止仍不停的增肥中。試著想像一下 120 張 100 克重的紙，再加上每一頁持續增加的東西會有多重呢。（笑）

Hieght /14 x 9cm。這是我在一頁頁越來越大張的紙張中，一邊感到迷失一邊努力整理出來的數據。

Blog: http://josenaranja.blogspot.com
Instagram: @jose_naranja

WHAT'S IN MY BAG

Rotting 600 自動筆、鉛筆（2H）、Pilot G-3、Lamy Al-Star 鋼筆、TWSBI 鋼筆、Lamy 2000 鋼筆、細水彩筆、橘色 STABILO 削鉛筆器、Pigma Micron 代針筆、尺、橡皮擦、削筆刀、斑馬簽字筆和膠水。如果是較長的旅程或是在家裡，我有一個主要的工具備件包，一些備用墨水瓶、不同的筆尖、橡皮圖章、郵票、航空紙膠帶、一把小刀、一套小型的水彩組，還有其他鋼筆和剪刀。

手帳控的包包就是——把所有派得上用場的工具都帶上！José 的包包內裝了許許多多的文具，無論當下想要畫下什麼樣的畫面、貼上什麼小物件，都不用擔心手邊沒有工具！

by 編輯部

西班牙的前航空工程師，現在是專職的手帳製造者

Moleskine 開啟了我對手帳的迷戀

我開始對畫手帳著迷是在 2005 年底時，那時我得到了人生第一本 Moleskine。對我來說，它開啟了我的新世界！我對這本幾近完美的筆記本感到非常驚艷，導致我根本不敢

在上面寫東西，直到第 6 至 8 個月後我才開始使用它。從那一天起，我就開始保持紀錄的習慣，到現在也已經有十多年了。

💡 鋼筆控注意！了解你的筆尖是否適合自己。

IDEA 了解你的筆尖是否適合自己，
不同的筆尖在觸感上都會有很大的不同。

吸睛度 up!

Libelo Poeto. 介紹蜻蜓的迷人世界。在專業水平上，專家可以了解牠們，並解碼牠們的詩。（指蜻蜓一格一格翅膀，像是密碼一樣）

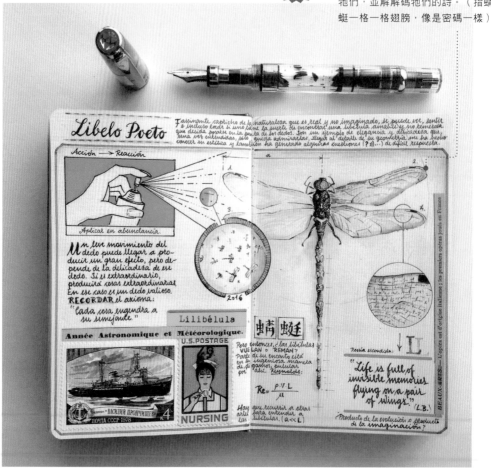

客製屬於自己的筆記本，
就是我的夢想手帳

手工的筆記本是一種鞏固你與筆記本之間的方法

我持續使用 Moleskine 筆記本，直到我開始進入墨水、紙張、鋼筆的美麗世界。現在我則會製作屬於自己的筆記本，從紙張到皮革封面。對我來說，全手工的筆記本是一種鞏固你與筆記本之間

的方法。你可以選擇你想要紙張的種類、頁數和尺寸的大小，從裡到外都可以自己決定。像我最愛 vergè 紙的紋理。我幾乎可以肯定的是，你永遠不會在市面上找到屬於你的完美的筆記本（如果你有的話，恭喜你！）。我夢想的筆記本正是我目前在使用的，我甚至無法想像，它還能如何變得更好。

我的手帳在呼吸。有許多回憶在裡面。

 心情好時寫手帳！

IDEA 對我來說，當我感到神清氣爽及充滿靈感時，寫手帳成了很重要的事。因為那結果就是，我會在不知不覺中寫下鼓舞人心的字句。但如果你在疲倦和壓力下寫手帳，你最後也會得到一些負面的東西。嗯……即便如此，它還是比什麼都沒有寫來的好。

IDEA

感受當下，讓手帳當起橋樑

在我看來，手帳應該隨時能夠為我們和真實環境搭起橋樑。如果你能夠真切地感受每個時刻，那麼任何地方都會是適合寫手帳的地方。而我們停止思考或是想太多，都不是個好主意。若真要我說，咖啡廳的露台會是我最喜歡寫手帳的地方之一，因為能夠觀察來來往往的人們。

IDEA

島嶼觀察筆記！畫下你對自然的觀察，也非常有趣喔！

小島們多麼神奇哪。讓我們仔仔細細地看吧！

寫手帳的心法──只求真實感受！
手帳美麗是因為那些畫面在現實中真切發生了！
by 編輯部

IDEA

不做多餘裝飾，只求真實感受

IDEA 在手帳的所有頁面裡，都加上橘色。成了自己手帳的標記。

IDEA

寫下真實發生的事件，不做多餘的裝飾

我沒有獨特的風格。我喜歡嘗試很多不同的風格。不過我還是盡量保持一些寫手帳的基本原則。例如，寫在手帳中的每件事都應該是真實的。真實的筆跡、真實的經歷和真誠的想法。我不太明白貼一張假的火車票，只是為了裝飾一頁手帳，或是用電腦模擬的筆跡字體，諸如此類的。我認為只有真實的感覺，才能夠影響其他人的想法，這是一種感覺。要確保當你把每一個細節紀錄下來時是很有感覺的。手帳美麗是因為那些畫面在現實中真切發生了。說了這麼多，我還是有喜歡的特定風格像是水彩，十字式筆觸或是水與油墨的表現。對了，我所有的頁面都有加了一點橘橙色在裡頭。

不知為什麼，當我在選擇和整理我的書寫工具時，我心裡便有一個旅行組的想像。因此，我攜帶了一個木盒裡面包含了以下工具：Rotring 600 自動筆（觸感非常好，而且是一個超好用的武器）、鉛筆（2H）、Pilot G-3（0.38，我到目前為止最喜歡的）、Lamy All Star 鋼筆、TWSBI 鋼筆、Lamy 2000 鋼筆、細水彩筆、橘 STABILO 削鉛筆器、Pigma Micron 代針筆、尺、橡皮擦、削筆刀、斑馬簽字筆和膠水。我特別愛能顧到細節的工具。如果是較長的旅程或是在家裡，我有一個主要的工具備件包，一些備用墨水瓶、不同的筆尖、橡皮圖章、郵票、航空紙膠帶、一把小刀、一套小型的水彩組，還有其他鋼筆和剪刀。

不能沒有它！

Pilot G-3 以及橘色的螢光筆，我唯一放不掉的就是他們了。

工具力 up!

手帳是唯一能讓人完全自由的地方

手帳就是我的分身，也是時刻陪伴我的夥伴

手帳是我的一部分。自從我發現了完美格式的筆記本，而開始了紀錄之路。然後手帳慢慢變成一位老師，現在它是一個專屬於我可以自由自在的地方。在我的筆記本裡沒有什麼規則或限制。如果你仔細想想，其實沒有什麼現實的地方能夠完全屬於自己。而手帳完全的自由，它是創造力的泉源，也是一位無論好或壞的時刻都會陪伴我傾聽我的夥伴。我將筆記本視為一個完整的存在，就像所有的頁面都為了成就一部分的完整。

我的筆記本都是一個完整的作品，而不是一個輔助的工具只是做筆記，或是為了將來在其他的項目中使用。某一天我發現我的手帳能夠激勵世界各地的人。這些筆記當初只是我為自己而寫的，但現在卻對世界各地不同靈魂帶來了一點變化，這不是很神奇嗎？我會再加上一個重點：當你用自己的手寫東西時，是非常私人和確切的。這就像是一種精神上的儀式，除了手帳，沒有其他類似的東西能將你腦中所流轉的想法寫現在紙上。

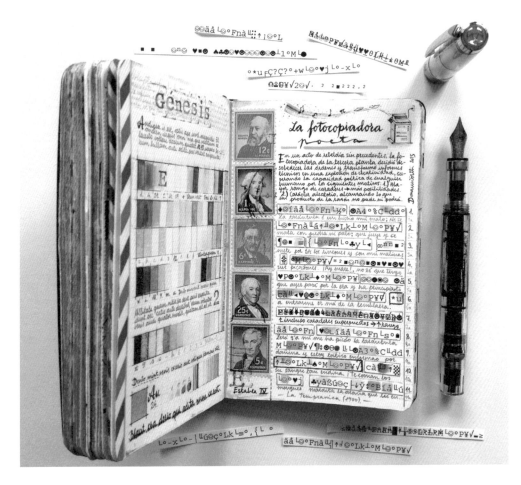

保持對寫手帳熱情！

如果我有機會，我會盡量在當地的文具店購買手帳工具。否則就是採取網路購物。但我現在不會買太多的工具。你想想一瓶墨水和鋼筆能讓你用多久？好幾輩子吧！（笑）更別說那些雖便宜卻很好用的墨水和筆了。

隨著時間的推移，每個人都會擁有自己的風格

我寫手帳的祕訣，應該算是頁面設計吧。對此，我沒有什麼不能說的祕密。這些成果是一段漫長時間努力的結果。在學習的每一步上會發現更多資源和知識能應用，能豐富手帳每一個小細節。對每一種實驗性的風格保持開放的態度，反正也不會有損失囉。多看一些基礎美術的書籍，未來你可以應用到甚至對其進行修改。像是平衡、比例、對稱、色彩的掌握或是能抓住更多關鍵的細節。不同的字體，排版之間總是有它自有的完美。隨著時間的推移每個人都會擁有自己的風格，並對其充滿信心。保持熱情，其他的也會隨之而來。

CASE **03**

用食物插畫紀錄生活的主婦

Tamy

插畫家 家庭主婦 (43)

Illustrator、Housewife

Type / Traveler's Notebook
Weigh / 400g
Height / 22cm

WHAT'S IN MY BAG

我的包包裡有一個皮革手帳，
一個皮包，還有一包攜帶式面紙。

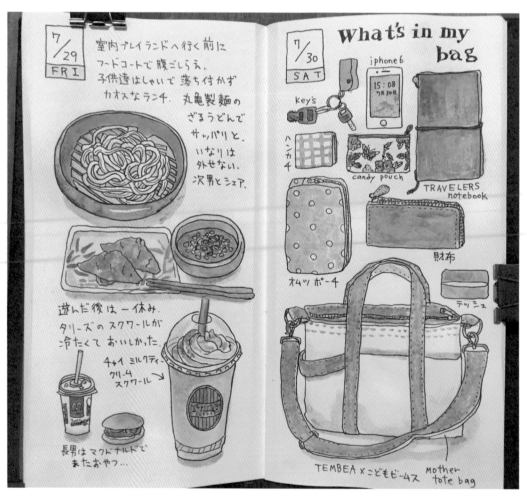

暑假時，我和兩個兒子一起去購物中心（一個九歲、另一個兩歲）我們在那裡用餐，但我兒子們滿心只想去遊樂場。（右）這是我的包包。我總是揹著大大的後背包，因為我的小兒子只有兩歲，所以我帶了很多兒童用品。

日本家庭主婦，
用手帳留下與家人用餐時的美好

誘人的當季美食，啊～好想吃哪～

2015 年 10 月時我買了新的 Traveler's Notebook 和它的內頁補充包後，才開始想要寫些東西或是畫畫。

每當我去超市準備一家人的食物後，或是和家人們一起去餐廳吃完美食後，就會拿起我的手帳，回到房間，開始畫畫。我特別喜歡

畫可口的季節美食，旁邊再寫下我當時的心情。

因為畫手帳的習慣，而能在 Instagram 上分享我的圖畫與我對季節更迭的感受，真的是非常開心！我的手帳內，最常畫的就是當季美食了。不過，我也時常紀錄和我可愛的家人、朋友們的回憶，看起來就像是日常的照片。

吸睛度 up!

（左）全家去吃了好吃的韓式烤肉！（右）這週是日本長假，和家人去餐廳吃飯，我點了鰻魚飯。隔天，我們吃了義大利麵。這是間日本風格的義大利麵餐館，所以，我們是用筷子來吃義大利麵。

5/1 SUN　川崎のコリアタウンに初めて行く。数件の焼き肉屋さんがあって、その内の1件へ。バブリーな感じだけどお肉はおいしかった。精肉店でお肉も買って帰る。

5/2 TUE　買い物Day。キャンプ用品を色々と。お昼は鰻まぶし釜めし膳。最後にお茶漬けにしてサラサラと頂くのがおいしかった。

5/3 WED　相模湖のキャンプ場までドライブ。少し遅めに出発したので道中でパスタランチ　洋麺屋 玉右衛門はみんな大好き。

苺ショートケーキ

イベリコ豚と新玉葱のカルボナーラ in トマト

洋麺屋 五右衛門

💡 IDEA

跟著節氣吃、畫手帳，讓手帳更吸睛也更有季節感。

（左）全家去吃了好吃的韓式烤肉！（右）這週是日本長假，和家人去餐廳吃飯，我點了鰻魚飯。隔天，我們吃了義大利麵。這是間日本風格的義大利麵餐館，所以，我們是用筷子來吃義大利麵。

用手帳保留當下的美味

用手帳保留當下的美味

我相當榮幸可以藉著手帳與大家分享，我對於食物與料理的知識和觀念。手帳大部分的時光都是我與家人在餐廳時的景象。我也很期待在未來十幾或二十年後，再回頭看看這些插畫。

時令感
up!

（左）土用丑日！今天要吃鰻魚！（在日本立春、立夏、立秋、立冬前的十八天都稱為土用，一年有四個「土用」。夏季的土用日地支屬丑，是一年節氣之中最炎熱一日，日本人會這天吃「鰻魚」）和家人一起享用了哈密瓜，好甜！（右）我去了最近流行的南印度餐廳。這裡的咖哩飯採用多種的辛香料，美味又有趣。

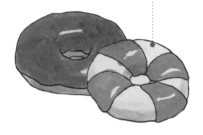

一間新的購物中心橫濱開了。我一週去了兩次！（左）這間是俄勒岡的甜甜圈專賣店，好吃又有特色！（右）這間餐廳是一間加州風的自家手工派店。午餐時間，店外總是排著長長的隊伍。

我平時會使用代針筆、水彩來寫手帳！手帳和其他工具都在文具店買的。這是我的筆記本、水彩、其他筆類工具。這盒水彩是在 25 年前買的。

4/5
TUE
長男 春休み 最後の日は雨なので
パスタ屋さんで ランチ。子供達と三人の
時は こんなお店が
楽しい。初 ジョリーパスタ。

Jolly Pasta

ティラミス&
フルーツ

ボローニャ風
ミートソース

ピッツア
マルゲリータ

4/9
SAT
夫がお土産に シナボンの シナモンロールを
買ってきてくれた。シアトルのお店らしい。
シナモン たっぷりで、とにかく甘いけど
おいしい! コーヒー 2杯も飲む。

キャラメル
ピーカン
ボン

シナボン
クラシック

www.cinnabon-jp.com

4/10
SUN
久しぶりにお天気の
良い週末なので
公園で 沢山遊んだ。
お昼に コージ・コーナーで
パスタと パフェを
食べてしまう...
季節限定. 旬の
フルーツ などと
書いてあると
弱い。

愛媛県産
清見オレンジ
のパフェ
←

💡
IDEA ·········

也把跟家人的互動，寫在手帳吧。過了幾年再回頭看，更能
回想當時的情景呢。

（左）我和兒子們去了義大利餐廳。這是我們第一次造訪這家
餐廳，我兒子很喜歡他們用來切披薩的圓刀。
（右）丈夫帶回來的伴手禮。肉桂卷真的是太甜啦。
這個甜點使用了新鮮的柳橙，吃起來很爽口。

👍
by 編輯部

寫手帳的心法——盡情寫
吧！盡情畫吧！
幾年後再回頭看看自己的
手帳，一定會覺得充滿樂
趣與回憶！

CASE **04**

結合法式風情與日式拼貼的法國女人

Aurélie Forciniti

私人助理（秘書）(29)

Personal Assistant

Type / Traveler's Notebook
Weigh / 213g
Height / 22cm（大約跟 A5 筆記本一樣，但比較薄）

我的包包能裝下所有的日常必需品，當然還有我忠誠的手帳。

有五項東西我無法與之分離：分別為太陽眼鏡、皮革製鉛筆盒（包含所有的基本用具，尺，素描筆，螢光筆和我最喜歡的 Lamy 鋼筆）、能夠隨時供我閱讀的 Kindle、皮夾、當然還有我心愛的 iPhone。

運用想像力，
就彷彿拿回生活的主動權

旅人手帳就是目前的最愛

我一直都是一個很喜歡寫下既定計畫、目標、靈感的人。2014 年，那時我處於一個很沒有組織、很散亂的狀態，所以我希望能夠以更有效率的方式紀錄我的日常事務。當我開始使用我的想像力時，我覺得像是拿回生活的主動權。我喜歡好好地做好每一件工作，而不用透過一些數位化的 app 來達成。市面上筆記本的種類相當繁多，我花了些時間尋找一本適合自己的手帳，一直到我遇見 Traveler's Notebook。從此以後我再也沒有換過品牌。

💡
IDEA

用不同膠帶和印章創造老式寫意感

我想要創造一個老式寫意的感覺，我用了不同的膠帶、橡皮印章以及復古的印章來達成這個手帳目標。我喜歡用藝術家「Feirou and Bofa of La dolce vita 甜蜜生活」的華麗貼紙。我經常自己製作自己的紙膠帶（使用空白紙）以及我也會用鋼筆在上頭寫些東西，讓中性和較明亮的油墨在紙上暈開，這樣能得到非常特別的細節。

IDEA 用打字機創造復古氛圍

同樣地，我會使用不同的紙膠帶、橡皮章、一次性的復古紙卡和貼紙。這種手帳風格的關鍵就是使用打字機將字打在「收據」紙上。另外，我還喜歡用字母模板！紅圈的橡皮印章是客製化的，上頭是我的名字。

寫手帳的心法——享受紀錄生活的時刻與重要回憶！
沒人知道什麼時候也許會派上用場呢！

by 編輯部

吸睛度
up!

這個熊是個橡皮章，是我的日本朋友送的禮物。

隨身帶著手帳

享受紀錄生活的時刻

我的手帳曆已經兩年了，現在使用的是 Traveler's Notebook，在此之前是 Midori 的其他手帳。而我會隨身攜帶筆記本，所以我幾乎每一天都會用手帳來紀錄任何事情，且一天可能會寫上好幾次。我會寫下自己的想法，重要的電話號碼，備忘錄、當我感到無聊時也會在上面塗鴉，也會記下待辦事項（to-do list），購物清單等。在同一個地方記下所有重要的事情真的很有幫助，尤其是我不用再擔心自己遺漏了什麼。我也隨時更新我的週計畫和月計畫。我真的很享受紀錄生活的時刻和重要的回憶，誰知道什麼時候也許會派上用場呢！

這裡使用的技巧是一樣的。重點為這頁使用墨水主題的印章。在一間在平凡不過的臺灣文具店買到的。

吸睛度 up!

文具力 up!

我有成堆的文具用品可以玩，但以下是我的前 3 名：

1. 鋼筆（Lamy Safari）：它是支經濟實惠又具有高舒適性的鋼筆。

2. 紙膠帶：擁有很多不一樣的花樣和顏色。它具有很好的裝飾效果，而且還可以當成一般膠帶來使用。我也很喜歡把明信片印出來掛著欣賞。

3. 一次性的紙卡：雖然並不一定要是復古風格，但我很喜歡在我的手帳內使用復古的印章和票根，還有一些旅遊卡、口香糖包裝紙、地圖、標籤等等都可以放進你的手帳。

手帳是我的完美夥伴，
我不能失去它！

沒有手帳的日子太可怕了，我無法想像！

我家中有一個蠻安靜的工作間，有我的桌子以及所有的文具用品，它們就散落在我伸手就可以取得的距離，所以我通常都坐在那裡。但我有時候也喜歡去咖啡廳畫畫，周遭的嗡嗡聲和人群的噪音正好為我提供了完美的背景音樂。

我的手帳若要說一種風格，應該是復古但又有現代的顏色和設計，具有簡潔的風格（大部分）。

我的手帳對我來說很重要！它讓我的生活更輕鬆，是個完美夥伴，沒有它我會迷失自己。如果我沒有將所有事都寫下，我將無法正常工作。我根本無法想像失去它！

IDEA

用可愛圖案包圍中性物件
以達平衡

這是 2015 年 12 月份的跨頁，我喜歡這些中性的主題。它們被一些可愛的物件包圍。像是這張小卡來自 Flow 雜誌（必讀），寫作小貓的印章是一位台灣的原創藝術家 Li Yiting 設計的，明信片是 La dolce vita 的，金色筆是 Hightide 設計的。

在網路上買文具，
你會發現很多驚喜

「無印良品」CP 值最高！

有間我在巴黎最喜歡的文具店「MERCI」(http://www.merci-merci.com/en/ - 111 Boulevard Beaumarchais, 75003 Paris, France) 但我主要還是在網上購物，你總是可以在 Etsy 找到驚喜！我很愛掛在 Etsy 看看一些市面上很少見的紙膠帶、橡皮圖章，和老式復古標籤 (http://www.stickerrific-store.com/)。我也很喜歡 Tabiyo（https://www.tabiyoshop.com/）和 Stickerrific（http://www.stickerrific-store.com/）。

若要說 CP 值最高的手帳，我會選「無印良品」它有屬於極簡設計，紙張也很棒的手帳，再加上可以廣泛運用。喔對了，我也很喜歡「Rhodia」，這牌子也很受歡迎。我很喜歡「Rhodia」上翻筆記本。

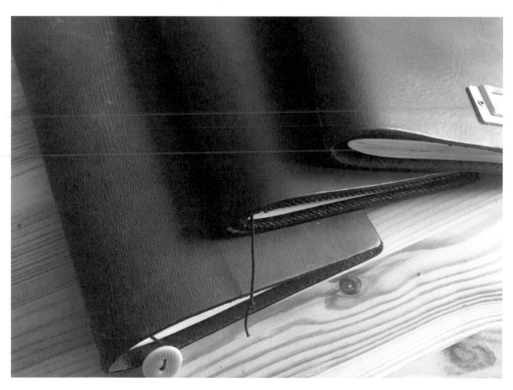

我已經有我夢想的筆記本了，就是 Traveler's Notebook。

搶先體驗！我提前準備好下一週的頁面設計。

IDEA

提前準備下週的頁面畫面主題

我總是在新的一週或一個月開始時使用空白的頁面，選些特別
的物件，像是郵戳印章、廢棄的紙類和紙膠帶，我會用這些東
西開創一個主題，然後再加一些相似顏色的物件到頁面上。

CASE **05**

英文藝術字與美食手帳的運用高手

動態圖像設計師（年齡保密）

Motion Graphic Designer

Type / Moleskine
Weigh / 大概 200g
Height / 人像畫的為 21cm、風景畫為 15cm

WHAT'S IN MY BAG

一盒鉛筆盒、自動筆和橡皮擦、代針筆：0.05 mm、0.3 mm、0.8 mm 三支不同尺寸的軟筆，全都是黑色、白色中性筆、一本 Moleskine 的速寫本、一本能快速紀錄筆記的小筆記本一個行動電源。

來自印尼的動態設計師，
透過手帳來表達自我

繪圖從不使用橡皮擦，巧妙運用英文花體字的獨特手帳力

因為工作的關係，我已經與電腦為伍了好長一段時間。所以在工作之餘我想要開始手寫一些東西來發泄自我。從 2013 年到現在，我使用手帳也有三年了。

我通常使用 Moleskine 來畫食物手稿，但只要紙張適合，我也會使用其他牌子的筆記本。而且只要有機會，我會在任何地方作畫，也從不使用橡皮擦（也許以後我會試著用）所以我在咖啡廳的時候會滿開心的，因為他們提供大桌子，這樣就夠了！而我的手帳也沒有太特別之處，若要說，應該就是混合圖畫和英文花體字這一點吧。

因為紀錄，你更能窺見事物的細部

手帳就像是我的所有回憶一般，我喜歡紀錄我曾去過的地方，像是聽到的或看見的任何事物。有人說「當你在描繪事物時，你能夠更加精確看到事物的細節。」

便利度 up!

手帳購入地點通常都在當地附近的書店或是美術行。

IDEA

減少書寫工具，讓速寫更生動

0.05mm 的代針筆和圓頭軟筆是我每天必備手帳工具。最近我試著減少鉛筆的使用量，為了能達到更自然生動的速寫。

夢想手帳

我用過 cp 值最高的手帳是在我家附近的美術行買的——DeGoya 筆記本，它比 Moleskine 便宜多了，而且我很喜歡他的紙張。因為它可是使用了 25% 法布里亞諾（義大利）產的棉花。如果有那種全開線裝筆記本，冷壓水彩紙和棕色皮革套的手帳就好了！

因為手指顫抖而開始的花體字之路

2013 年我會開始練習英文花體字作為我的手指治療，是因為顫抖症。一開始對我來說是個挑戰，但當我拿起筆，我知道自己得努力控制並且撐下去，因為練字帶給了我很大的樂趣。我從基本的字體知識開始學習，然後開始試著融合自己的風格。而我也不認為我會很快就停止書寫，因為裡面仍然有太多東西要學。而且我依然期待著找到下一個我可以做的事情。

寫手帳的祕訣——放縱自己吧！沉醉在自己的世界吧！
「就去畫下或是寫下那些吸引自己、會讓自己快樂的事情吧。當你開始滿意自己的畫，其他人的任何讚美都只是額外的加分作用。」

by 編輯部

💡 **IDEA**

選擇畫早餐，讓手帳顏色更豐富

早餐是我最喜愛畫的食物主題，因為他的顏色總是多采多姿

我真的很喜歡這家店的早餐,因為
它的飲料上會放上一隻塑膠小鴨!

Hello
Taiwan

來自 **Erwin Indrawan** 的招呼

CASE **06**

甜美呈現插畫 x 拼貼 x 花體字的馬來女孩

Sharon Tan

物業管理（26）
Property Management

Type / Traveler's Notebook
Weigh / 140g
Height / 22cm

 WHAT'S IN MY BAG

我一般出門時只會帶著我的手帳和鋼筆。
有時後我也會帶畫筆一起出門，因為我
也是一位手寫字體藝術家。

默默地擁有越來越多的手帳工具

藝術日誌是受 Instagram 使用者的啟發

兩年前我去紐約旅行的時候，留下了一些當時買的東西在身邊，像是紙膠帶、旅行尺寸的手帳系列組。所以，為了好好使用它們，我想何不就開始寫旅遊手帳呢！我會開始畫

藝術日誌主要是因為幾個 instagram 使用者啟發了我，當然也是因為我想試著花最少的錢來寫手帳，試著不要買太多東西來裝飾手帳。但我現在可以說，這個策略一點也不成功，因為我又多了更多寫手帳的工具和超出我需求的印章了！

吸睛度
up!

在紐約市徘迴，最後一晚則停留在中央車站。

IDEA

紀錄覺得有趣的畫面

通常我喜歡紀錄一些我旅遊中看到的有趣的畫面，或是紀錄我這個週末吃到的美食和飲料。

其實，我相當崇拜隨時都能畫手帳的人，不管人是在咖啡廳或公園都能畫。但我就沒有辦法這樣做。我只能在周圍都是我的工具和水彩的地方畫手帳，像是家裡。我是一個需要慢慢畫的人，所以我需要很多時間來完成一個插畫或是一頁手帳。

我是一個咖啡愛好者。這杯咖啡是這間咖啡館中我的最愛。

IDEA

插畫與文字揉成自成一格的雜誌風格！

我想每個人的手帳都有主人自己的風格，因為如此，才有這麼多裝飾手帳的可能性。從沒有兩本一模一樣的手帳，我想這就是它迷人的地方吧！我想我的手帳獨特的地方應該是，這些插畫與文字的結合，還有一些搭配的小貼圖，令它有一種雜誌般的風格吧。

我平常出門只會帶著我的手帳和鋼筆。有時，我也會帶畫筆一起出門。

手帳是能完全做自己的空間

無拘無束、盡情揮灑，就是手帳的魅力

手帳對我來說，是個沒有任何拘束，讓我能夠釋放創意的空間。我能在上面盡情揮灑。我有時候也會畫或寫下一些看似不相關的東西，但我覺得筆記本是我能夠盡情做自己的空間。我也喜歡在手帳上紀錄一些想法或是我今天做了什麼，這樣在日後回顧手帳的時候更能令我更能回憶起當時的思緒。

平常寫手帳會用到的工具是水彩、鋼筆、還有基本裝飾用的紙膠帶。

而我通常在各當地的文具店買手帳。我的 Midori 旅人手帳是從一間叫做「Stickerrific」的專門旅行筆記本店買到的。其他我平常使用的藝術用品，則是在歐洲購買回來的，因為相對來說，那些物品在馬來西亞較難取得。

有天和男友吃完甜點後散步，遇到了一個可愛的郵筒。

寫手帳的心法——盡
情揮灑！
手帳可能會激發你的
創造力！

by 編輯部

我只用一種手帳，牌子是Midori！我對它非常滿意！Midori
筆記本對我來說就是完美的。

我認為寫手帳是釋放創造力的好方法！尤其對於那些還不知道自己擁有創造力的人。在我一開始紀錄我的手帳時，我跟自己說：我根本不會畫畫（當時我已有十年以上沒有拿起畫筆了）。但一旦我開始，我便不停地挑戰自己，就算我遇到很難描繪的主題。在幾個月或幾年後，再回頭看這些手帳也是一種美好的回憶。俗話說一張照片能訴說千言萬語，而一幅畫卻勝於千言萬語。

別忘了中央公園的旅遊。

我 2016 年的目標。

CASE 07

巧妙運用印章與貼紙的寫字高手

Aina Kristina Reyes - Paco

外匯交易員 (32)

Foreign Exchange Currency Trader

Type / 藍色的 Traveler's 筆記本和 Hobonichi Techo 筆記本。

Weigh / 400g

Height / H218 x W130 x D10mm

 **WHAT'S IN MY BAG**

當然有我的旅人手帳，不同的紙膠帶、ZIG Cartoonist BRUSH PEN（漫畫用畫筆）、Pilot Prera 墨水筆、Samsung NX3000 相機。

寫手帳就是一種紓壓的方法

寫手帳令人平靜,任何地方都能寫

寫手帳一直是一種紓壓的方法。因為我的工作壓力很大,所以寫手帳對我來說是一種放鬆自我的方法。而我已經畫手帳畫了差不多 15 年,所以才有了現在的手帳風格。

我每天都會寫手帳。每天有好事情發生的時候我都會寫,即使有什麼不順心的事情發生我也會寫,這樣可以令我平靜不少。任何地方對我來說都是適合寫手帳的地方。我的包包總是有一些簡單的工具可供我使用。不過,我最喜歡的地方是咖啡廳,能讓我觀察來往的行人。

在前往極簡風格的路上,我開始想念起以前單純畫畫的氛圍了。

高品質的紙張，是寫好手帳的關鍵

寫字不易滲透到下頁

我筆記本獨特的地方是高品質的紙張。我可以用極細的鋼筆，墨水筆甚至是水彩筆畫畫，而不會滲透到下一張頁面。而我寫手帳一定會用到兩隻筆：一支 0.4 My Pilot Gtec，或是一支細頭墨水筆 (Pilot Prera)。我購買手帳用品的地方，固定都在馬尼拉的一家叫做 Scribe Writing Essentials 的文具店購買。

我使用過 C/P 值最高的手帳是 Traveler's Notebook 或 Hobonichi，我還沒有找到比他們更好用的手帳。

試著在我的線圈活頁筆記本上，增添復古和旅遊的風格。

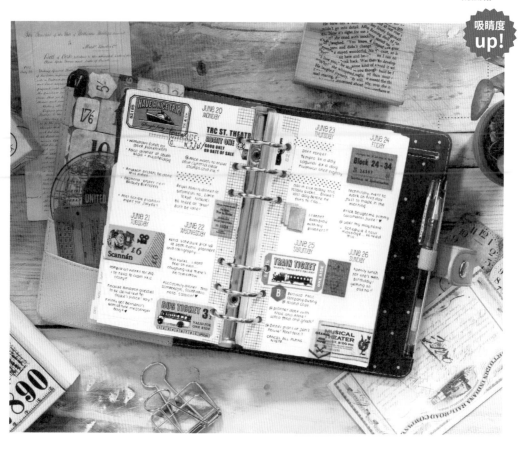

我又開始使用墨水筆了，而且我打算再買更多。

夢想手帳

我夢想中的手帳就是，能考慮到能讓我隨時再加入任何一種風格的紙（週記事本、月記事本，還有空白和有方格的頁面）在手帳內，我所能想到最好的筆記本和手帳都被 Traveler's Notebook 包辦了！

在我生日的那個週末，去了海邊，好放鬆！

IDEA

使用暗色系，讓手帳色調更沉穩舒服

突然理解到使用暗色系的顏色在手帳上，會令我感到比較舒服。

CASE **08**

典雅細緻的森林系手帳

Emeline Seer

生活風格家飾網店 Truffula Forest 創辦者（32）

Truffula Forest CEO

Type / Webster's Pages Traveler's Notebook &
Midori Traveler's Notebook
Weigh / 大約 500g
Height / 4cm 目前為體積最大的手帳

 WHAT'S IN MY BAG

皮夾、手機、一本手帳還有一枝筆。我喜歡輕便的旅行！

IDEA

用郵戳、貼紙、紙膠帶、印章來美化筆記本吧！

手帳看起來會更加典雅細緻

從紀錄與家人的點點滴滴開始

無法剪貼照片，就用寫的吧！

我以前會剪貼照片至自製的剪貼簿上，來紀錄我與家人們的回憶。持續了多年後，我累積了很多非常笨重的自製相簿剪貼本。不過，它還是變成一個甜蜜的負擔，因為我必須要為它騰出更多的空間，來保存這些珍貴的回憶。

與此同時，我的孩子開始花更多的時間在學校，所以他們的照片變得越來越少了，這導致我沒有幾張他們的照片來貼在我的相片剪貼簿裡。因此，我想了另一種比較方便和適合的作法來紀錄生活。那就是我另外記下我們每天聊天的片段、特殊的活動、有趣的時刻，拍立得照片等等，這些都組成了我們的日常生活。有時候，我會在上面畫上一些插畫或是加上非常戲劇化視覺效果的物件。

手帳就是創造力的出口

手帳構築生活的一部分

我的目標是從談話中寫下簡短的重點，和一些可以鼓舞人心的句子。當我被某些句子啟發，我會試著畫在我的手帳上。我的手帳絕對是個創造力的出口。其他時候，我會用手帳紀錄較珍貴的物品，像是產品標籤或是特別的貼紙等等，所有的一切都構成了我們生活的一部分。

IDEA

精緻的 TO DO LIST ！
用橡皮章裝飾手帳！

吸睛度
up!

手帳像是我的世界縮小版

手帳構築生活的一部分

我的手帳曆已經有三年了。我通常會在一天
結束後的夜晚,在我的房間內寫手帳。
我喜歡我的手帳是有點笨重和厚實的。每本
手帳滿滿的都是我的日記和周邊小物。我將
它看作是我的相簿剪貼本的縮小版本。作為
一個剪貼筆記本的熱愛者,我很愛用郵票、
貼紙、紙膠帶、裁剪來美化我的手帳。
手帳就像是一個我的世界的壓縮版,作任何
我想做的事,沒有任何限制,沒有對或錯。

而我寫手帳一定要帶著 0.5 精細黑色墨水筆
和一把尺。我需要把線畫直(笑)我會在網
路上(Etsy)買文具和手帳的東西。

透過手帳能使我們的生活片段凝結在那一刻

手帳照見我們日常生活的縮影

我不確定,我目前用過 C/P 值最高的手帳是
哪一本。因我尚未畫完我本來預計要畫完的
手帳。我目前使用三本手帳,一本普通尺寸
讓我自由自在地畫,一本 Traveler's 手帳用來
紀錄我的兒子,另外一本 Traveler's 手帳用來
紀錄我的女兒。我試著慢慢的畫滿每一頁,
讓他看起來更豐富。
充滿意義的日記能夠照出我們日常生活的縮

影,雖然聽起來陳腔濫調。時間是不等人的,
但透過紀錄手帳,我們能夠使一些我們的生
活片段凝結在那一刻。

IDEA

用回憶和無止盡的創意紀錄手帳

CASE **09**

手帳充滿繽紛生活感的婚禮攝影師

Jane Lee

婚禮攝影師 (31)

Wedding Photographer

Type / Traveler's Notebook
Weigh / 每一本都不同
Height / 比我的手掌大

WHAT'S IN MY BAG

因為工作的關係，我包包裡的東西，每天裝得總是不太一樣。但裡面總是有一本 Traveler's Notebook 和幾隻筆。

在回憶手帳的同時，
感受熱烈的生命力

不再遺忘去感受生命

大學時，我有一本 Filofax 的筆記本，但並沒有常常使用。開始上班以後，我開始使用 Moleskine，但我只用來記事和記帳。當我發現 Traveler's Notebook 時，已經是 2014 年中了，我當時將它當成生日禮物送給自己。隨著年紀的增長我對人生也越有感觸，也可能

只是我害怕自己某天開始遺忘去感受生命，於是我開始紀錄所有生活中的成就。當我遇到低潮或是需要靈感時，這些被紀錄下的回憶，便能夠讓我再次感受活生生地生命。著迷？大概是吧，當我終於了解到如何開始使用手帳時，我便開始瘋狂地使用我的文具們。這些不小的支出也許有點瘋狂，但我想是值得的。

寫手帳的心法——手帳就是生活的軌跡
低潮時再回頭看，能夠再度感到生命力呢！

by 編輯部

手帳如相機般，
保存每個一閃而逝的瞬間

在舒適的地方，拾取生活片段

我的手帳曆已近兩年。通常我感到工作壓力的時候便會開始畫畫或書寫，這總是令我感到心情放鬆。還有旅行的時候紀錄一些我去過的地方，我遇到的人，吃過的食物，也是保持我紀錄下每一個時刻的動力。這就像是拍照一樣，我喜歡用相機保存每個一閃即逝的瞬間。

而通常我都在房內寫手帳，因為這是我感到最舒適的地方。至於其他地方，就是安靜舒適，播放著舒適音樂的咖啡廳。

IDEA

紀錄昨天發生的事情，順便回顧

我不認為自己可以過著沒有手帳的日子

使用手帳的方式，反映著一個人的個性

我的手帳有的是紀錄每個月的例行公事，像是與客戶的會面，婚禮攝影的工作，還有一些個人的待辦事項等。我也有紀錄每週的例行事件，我想追蹤自己在每週都做了些什麼，去了哪裡等等，一些以週計畫為主的手帳。

還有，我的空白手帳，他更像是藝術剪貼或是旅遊日誌，每當我靈感一來時，我就會使用它。所以我真的沒有一個固定的風格或方法，我個人認為，一個人使用筆記本的方式也會反映出一個人的個性。

對我來說手帳就是我的全部。我不認為我可以過著沒有它的日子。就像是我的 iPhone，但是擁有我全部記憶的真實的手帳，而不只是數位化的東西。

測試 chamilgarden 的墨水印章

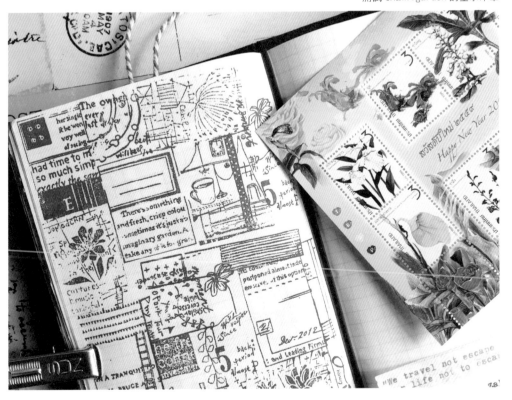

我寫手帳的祕密武器就是一支好筆。像是極細的筆頭的 Lamy 筆是我的最愛，還有一些高品質的 Iroshizuku 的彩色墨水筆。我也喜歡 Chamilgarden and Classiky 的印章，他們在頁面上是最完美的裝飾了。還有一臺相片印表機，印我拍好的照片。

我沒有什麼特別的喜好，但我去日本和臺灣旅遊的時候，我會買很多很多的文具。因為他們有最棒的文具店。

💡　寫下心中的感受，無論是開心或失落、難過。手帳會指引你下一步的方向。

IDEA　2016 年，第 18 週，感到失落，懷疑，恐懼，飢餓，無聊和乏味。我想要有更多的新的挑戰，更多瘋狂的想法，我想我該出去走走，看看有什麼在等著我去征服。

夢想手帳

我的夢想手帳是希望能擁有一本非常特別的藝術日誌本，上面能夠展示我的攝影作品，還有展示每一個我所拍攝的人的故事。

...... 2016 年，第七週，回歸荒野。
我使用過 C/P 值最高的手帳，當然是 Traveler's Notebook！（笑）

IDEA　別相信你的記憶，對自己守信，不斷寫下去吧！

寫手帳是沒有什麼規則的，整本都是你的，做任何你想做的事吧。當然，唯一的關鍵就是，對自己守信，保持書寫否則就別開始吧。

CASE **10**

每頁皆是宜人風景的加拿大插畫家

Becky Cao

無論我去到哪裡，我都會帶著我的背包。背包裡有我的手帳，一盒水彩旅行組 (Sakura Koi)，一個裝著我的畫筆的小鉛筆盒（極細和不同顏色的筆），還有另外一個鉛筆盒裝著我的水彩筆 (Holbein brand 水彩筆)。

自由接案的插畫家 (24)

Freelance Artist Illustrator

Type / 我喜歡嘗試不一樣品牌的筆記本。我最愛的牌子分別為：Moleskine 水彩本，Fabriano Venezia 速寫本，以及 Stillman& Birn。這些筆記本都有厚厚的紙張，對於畫水彩來說非常實用。

Weigh / 250 ～ 300g，取決於品牌

Height / 25 ～ 30cm，取決於品牌

「My Recent Sketchbooks」：2012 年以來，我花了 2 年左右的時間終於有了很大的進步，並且也對自己的插畫感到滿意。上面是我的 2014-16 年的手帳。

由速寫本開始的手帳之旅

以描寫窗外景色，來克服外出寫生的膽怯

大學二年級時，我的繪畫老師給了我們一個速寫本的作業，於是我就開始在速寫本上畫素描。我當時已經從一些網路上的藝術家和部落客身上得到了很多靈感，並且已經等不及要開始創作屬於我自己的藝術。這項作業對當時的我來說真的起了很大的激勵作用。我開始觀察周遭的環境，從畫一些簡單的畫開始。一開始的時候，我只能在家裡畫些簡單的東西，像是杯子和瓶子。當時我很害怕去戶外寫生，因為環境看起來較複雜。同時我也很希望自己能夠克服它！於是，我開始練習素描窗外的景色，如此我便能從大家的眼神和天氣中抽離了。

💡 **iDEA**

寫下完成的時間、日期、位置、對象與內心感受

春天時，我的孔雀魚病了，他在水族箱的底部為生命掙扎了3天。我對於整個過程感到很悲傷。所以在他死後，我在手帳上畫了一個漫畫來宣洩自己的感受。

每本手帳都會寫下速寫的完成時間！
「Journal on a spring day」：我很喜歡午餐的雞肉卷，以及當做點心的甜麵包配咖啡。
我去附近的公園散步，呼吸了春日裡的新鮮空氣，並且畫了下來。

我已經畫了 5 年的手帳了。通常我每天都會規劃一些時間來
素描。例如，我喜歡在週末去附近的公園花上 2 小時速寫，
尤其是當我覺得自己需要遠離電腦時。我也喜歡在晚飯後，
趁著家人都在看電視時，安靜地畫手帳。

有時在外等公車或坐在一間咖啡廳或餐館，我會被窗外或戶
外的景色啟發，因而不由自主地拿出手帳開始畫！

時間感
up!

寫手帳的心法──放下手
機吧！
拿著手帳，去感受、去觀
by 編輯部 察生活每個一刻！

夢想手帳

　　對我來說每本我畫滿的筆記本，都是我夢想中的手帳。

沉浸在大自然之中，
享受美好與速寫

以描寫窗外景色，來克服外出寫生的膽怯

我喜歡在任何地方紀錄手帳，只要我覺得安全及沒有妨礙到他人。我經常在家中廚房的桌上畫畫，因為我很喜歡畫食物。我喜歡冬天時的咖啡廳和傳統市場速寫，我十分享受一邊身處於溫暖和舒適的環境，又能夠將他們速寫下來的感覺。我也喜歡散步到家附近的公園，將自己沉浸在大自然的擁抱中。

💡 害羞的人可以先從觀察窗外景色開始

IDEA 身體與心靈的食物！

「Making Winter Cheerful」：這是一個寒冷的二月天。我到附近的公園走了走，看著在純淨的藍天中飄過的雲，以及在它們在水面上的折射出來的倒影。在廚房的桌上，我很喜歡豐富多彩的曲奇餅乾，所以我將之畫了下來。到了晚上，我畫了我目前正在閱讀的書籍。

手帳就是我的靈魂伴侶

手帳讓我更有動力去畫大型的畫作。

我的手帳等於是我的靈魂伴侶。每一天，我將觀察到的事物紀錄在上面，這能讓我在生活中找到平衡以及緩解壓力，同時也是紀錄我生命的日記。

我的手帳也是一種能夠讓我保有創新靈感的工具，令我更有動力去畫大型的畫作。

其實我的手帳外皮大部分都很普通，只是裡面的插畫及素描讓它比較特別及獨特。

畫手帳時，我一定要帶防水的筆，隨身水彩顏料組，還有水彩筆。這些是我作畫最基本需要的工具。

我以前總是在附近的藝術品店購買手帳和文具相關的商品，但當我發現 Amazon 有更多夠好的不同的品牌後，我就開始了線上購物，而且也較便宜。

Moleskine 的水彩本對我來說 C/P 值最高，它非常地耐用。紙張也不會因為你塗了多層顏料後暈染至下一頁。

現代人過於沉迷數位媒體，而手帳卻能讓我感受生活

每天畫畫更能提升繪畫技巧與觀察敏銳度

對我來說畫手帳的關鍵就是了解自己的每天周遭的環境，以及自己在生活中最珍視的（即使我並不有錢）這也是與真實世界接觸的好方法，因為現在我們都太過沉迷於手機和數位媒體，導致我們並沒有真正地感受我們生活中的時刻。

時光荏苒，但畫畫可以讓時間減緩，並且能讓我們真切感受到每分每秒的流動。當然，每天畫畫可以幫助自己提升繪畫技巧、設計和觀察能力。

吸睛度 up!

畫下自己喜歡的食物包裝吧！

「Summer Food Journal」：我不喝酒，但我真的很喜歡麒麟啤酒的包裝設計，所以我不得不畫出來！我也很享受我的早午餐：雞肉麵條湯比薩口袋餅。

手帳才能帶來真實的五感體驗，
攝影卻不能

每天畫畫更能提升繪畫技巧與觀察敏銳度

我總是速寫現實生活，因為這能夠給我的感官（視覺，聽覺，嗅覺，味覺，和感覺）帶來真實的體驗，而攝影卻不能。

在我畫戶外的場景前，我總是會先找一個有著良好視角的地點（有趣的角度，景深感，或有趣的配色）；舒適地待上一兩個小時（不妨礙他人的前提）。我會坐在我的攜帶式椅凳上開始作畫。但當被某些東西擋住視線時，還是需要站起來畫。

當我在戶外速寫時，我會先計畫好整頁的排版，譬如說要畫的東西以及它的大小，我會來回好幾次確定它們的比例，當我不確定比例時，我會用我的手指或是筆去衡量比例。有時候，我也會不作任何衡量就隨性地畫下輪廓（0.5mm 的筆或 Lamy 鋼筆）這也加快許多速寫的時間！

另外一點，在我用水彩繪畫時，我通常已經畫出足夠的細節。我會用 Sakura 的隨身水彩組（24 小塊裝色磚），再使用 Holbein 的水彩筆，並混合不同的顏色來營造比較接近樹真實的顏色。

我喜歡在家的餐桌上作畫，畫些食物或其他的生活用品。我在家並不會精心設計這些日

誌，只是隨機地在上面畫些東西，這有時會造就一些有趣的構圖。

完成一幅插畫時，我總是寫下時間和日期，位置，和速寫的對象。有時也會寫下我的感受。

我也喜歡從簡單化和卡通化過的記憶中畫生活化的漫畫。這是很隨機的，只是將腦海中故事的輪廓展現在我的畫紙上。

CASE 11

擅長恬靜生活感的室內設計師

Vernice Chan

室內設計師 (22)

Interior Designer

Type / Traveler's Notebook
Weigh / 400g
Height / 厚度嘛？我想應該是 3cm

WHAT'S IN MY BAG

我的包包裡有 Traveler's Noteook、筆、書本、iPhone、皮夾、車鑰匙、一些化妝品還有我的 JBL 無線藍牙喇叭。

紙膠帶是我的手帳謬思

畫圖與速寫更能闡述我當時的思緒

我大約在三年前開始對於手帳入迷。 MT 紙膠帶是一開始吸引我的東西，所以我便開始用紙膠帶裝飾手帳。一段時間後，我發現畫圖和速寫能讓我的手帳看起來更接近我想表達的東西，也更能闡述我當時的思緒。

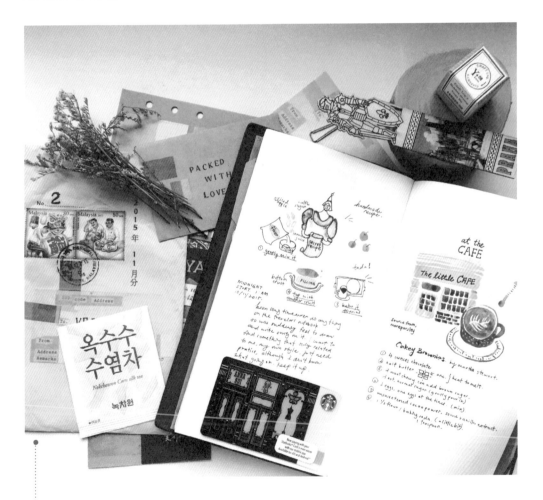

💡 **IDEA** 屬於自己的午茶時光！紀錄你的食譜吧！

今天是烘焙日！我決定烤巧克力布朗尼，於是我先在網路上找尋食譜。接著，我也把食譜寫在我的手帳上，並把配料們畫出來！這是個美好的星期六！

左頁是我去了一間名為「A Pie Things」咖啡館，
嘗試了他們有巧克力棉花糖的簽名餡餅，吃起來非
常美味！右頁是我在「Departure lounge」咖啡館
享用早午餐，和朋友一起聊天、喝咖啡的感覺真好。

寫手帳的心法──帶著手
帳去旅遊！
造訪不同國家時，在咖啡
by 編輯部　廳紀錄周圍景致！

喜歡在咖啡館畫手帳

和朋友一起聊天、喝咖啡最棒了

我隨時隨地都會紀錄我當下的感覺。當我開心或不開心，我會選擇在手帳上寫下我的感受，這感覺就像是和一位我能夠完全信賴的人聊天。

我喜歡在咖啡館畫我的手帳，不過當然只能在週末這麼做，其他都是工作時間。當然，我平常還是會在我的房間畫畫。
同樣的，我也喜歡旅遊。我喜歡在旅遊時帶著我 Traveler's Notebook 到不同的國度，造訪當地的咖啡廳，點一杯咖啡，然後開始紀錄身邊的景色。

我想我的筆記本是乾淨整潔的風格，不知怎地我就是喜歡整齊地排序我的東西。

手帳是一位能真誠傾聽的朋友

畫圖與速寫更能闡述我當時的思緒

手帳就像一位真誠傾聽的朋友，我可以跟他聊幾乎所有事，所有主題。我知道現在科技能夠簡單方便地連接不同的人，但是畫手帳的感覺和在空氣中傳送訊息的感覺是完全不一樣的感覺。

我寫手帳的必備工具是：筆、紙膠帶、鋼筆。而我通常會在 Zakka Store 線上購物網站、Etsy、Ebay 等等。

💡 下筆前先想好，你要傳達的的主題或是概念！

IDEA 我的寫手帳訣竅就是，在畫某一頁時，要清楚你想要傳達的的主題或是概念。

在曼谷的第三天！我們去洽圖洽市集！市集非常大，當天天氣很熱，我先買了椰子冰淇淋，再繼續購物。然後，我們又去了暹羅百麗宮百貨和商場吃甜點，到處走走看看。晚上吃了海鮮湯，那個湯的美味，我至今仍難忘懷！

💡 寫下工作心情，宣洩壓力

IDEA 在手帳左邊的頁面是那一週發生的事，右
頁則是一些我工作的心情，就像是宣洩我
工作的壓力在手帳上。

夢想手帳

　　我想要一本裡面充滿了我的故事和插畫的筆記本，這樣以後當我年歲漸長就能夠輕易地進入
我的回憶裡了。

用繪畫

IDEA

畫下房間與旅遊的地圖，方便下次前往時回顧

左頁是關於我和我的死黨在曼谷時的畢業旅行，還有當天的行程。插畫是勾勒了我們當時停留的飯店（房間的佈置和接待區）我對於在手帳上排版我的插畫頗感興趣，也許是因為我的工作性質吧。

右頁是一張在 Asiatique 夜市划船的紀錄地圖。這樣我就可以在下次前往之前，回過頭看看這張圖，回憶那裡的樣子。

我很興奮能夠解釋這張照片，因爲這是一張紀
錄我收到了Traveler's company 獎勵品的照片。
當時我寄了我的故事給他們，因此作爲獎勵他
們便寄給我一些獎品。

CASE **12**

手帳處處見童心的美國律師

Cecilia Chan

家庭主婦 / 律師 (30~40)

Homemaker、Attorney

Type / Hobonichi Techo
Weigh / 301g，但我總是會在放進不同的紀念品和照片。
Height / 16cm

🧳 WHAT'S IN MY BAG

通常我的手帳通常都會放在家裡，但如果我把它一起帶出門，我會把它放在一個小托特包或是 1.61 Leather 的皮革手提包。我總是隨身攜帶 Hobo 的週計劃 / 行程規劃手帳，還有一本隨身尺寸的 Travelers Field Notes 手帳、還有皮夾、鑰匙、兩隻 EpiPen、孩子的過敏藥、IOPE 防曬霜、護唇膏、還有我的 iPhone。

小孩不在時，就是我寫手帳、
畫手帳的美好時光

用回顧手帳來看自己的改變

我在高中和大學時就開始使用手帳，但開始
工作後就沒有太多時間了。當自己和小朋友
在家時，我就會趁他們睡覺或是休息時的空
檔，開始寫些日記和畫手帳。

我寫手帳約兩年半了。我會在任何有空閒時
寫手帳，像是早上小孩都被送去學校時，或
是半夜他們睡覺的時候，當然還有這中間有

任何空檔的時候。我通常會在家寫手帳，像
是我的餐廳內有一張特別大的桌子可以讓我
在上方放很多文具。我偶爾也會在圖書館或
是我的小孩的教室內畫畫。

我不是很肯定我有什麼特定的手帳風格。我
很喜歡不斷探索新的繪畫風格和寫作技巧。
喜歡透過回顧兩年前寫的日誌，看到自己因
手帳風格的變化。

手帳能夠讓我表達及發洩自我

用回顧手帳來看自己的改變

手帳是一個能夠讓我表達及發洩自我，或是讓我能整理當天事物的出口。

我寫手帳一定要使用 0.28 Uniball SIGNO 筆。這些筆我用得很快，但當我發現他們有販賣更換的筆芯能夠減少浪費真是讓我鬆了一口氣！另一個我的手帳必需品：PITT 速繪筆、日本立川漫畫書寫鋼筆 G 字嘴，和紙膠帶、膠水、水彩筆和水彩顏料。

我通常都在日本的 Hobonichi 網站買他們家的 Hobonichi techo A6 英文手帳本。我很喜歡在網路上買文具，我個人的最愛賣家有 Tools to Live By、Baumkuchen、 Jetpens、 and Etsy.

雖然我用過的手帳只有兩種，往後還能試試更多。不過，目前我認為最完美的繪圖筆記是 Erwin Lian and Bynd Artisans 製作。

夢想手帳

我每一年一定要買一本 Hobonichi
techo！
一年初始的一月打開一本清脆空白
的筆記本事一件多棒的事啊！

我越來越胖的 HOBO 手帳。

最近在玩 Pokémon Go！
Hello，我的老朋友，妙蛙種子！

IDEA

畫下自己喜歡的食物

我用水彩畫下我最喜歡的夏日
水果—奇異果。

對我來說，寫手帳就是紓壓、紀錄回憶和自我表現。我也試著更經常地畫手帳，來不斷地提高自己的技術。

使用我的 HOBO 月計畫！

CASE **13**

人帥不拘小節！隨手拿張 A4（& 夥伴的手帳），
隨時捕捉靈感

Circus Leo Outerspace
品牌設計總監 (33)

近年來的筆記們，幾乎都是 MV 拍攝清單流程

看似天馬行空的創意，
來自於反覆而縝密的構思

Leo 有很多身分，除了是大家熟知的 Circus 成員，九年前創立了 Outerspace 品牌，近幾年更執導了多支知名藝人的 MV。走上這條路，可以說是家族淵源，因為爸媽和爺爺奶奶都是攝影師，他也很自然地從高中開始接觸動態攝影。隨著 Outerspace 的經營逐漸穩定，近來他的工作重心以拍攝 MV 為主。這一點，從筆記內容就看得出來。

「我的筆記都在這裡了～」Leo 拿出一疊皺

皺的 A4 列印紙歌詞，放在桌上，「我已經沒有固定使用什麼筆記本了，現在都是一個案子一疊 A4，想法都記在上面。而且啊，很多都是拍完就丟了（笑）。」

不像別的 MV 導演一樣「拍一個感覺」，他非常重視歌詞與畫面之間的聯繫，所以會先將歌詞列印出來，一句一句仔細推敲規劃，「就像廣告的做法，每一秒想呈現的東西都清清楚楚。我在這方面是很確定的一個人。」

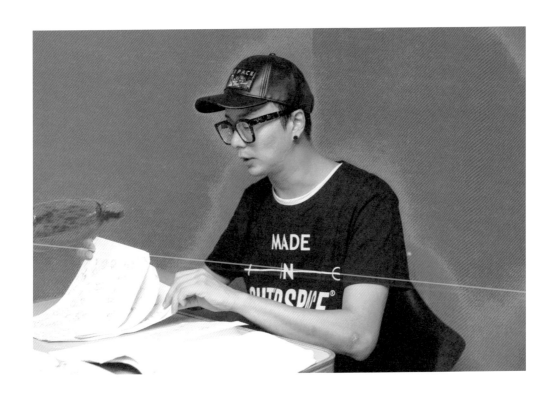

「不管他吃了什麼，
都給我來一點！」

和 Leo 聊天的過程裡，令人不由自主地冒出這句 OS ——畢竟眼前這個長期睡眠不足的工作狂，腦子還能轉得這麼快，說話這麼有邏輯又幽默……不論他吃了什麼，我（睡不滿八小時就會腦袋大當機、情緒大暴走的狂躁編輯）也要來一點啊啊啊～

夢想成為「一鏡到底界」
第一把交椅的鬼才導演

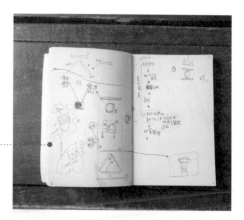

「以華人導演來說，我目前應該是拍最多一鏡到底的人。」Leo 希望自己成為一鏡到底的代言人，希望這四個字變成他的專屬標誌。拍攝一鏡到底的影片，要求非常精確的事前規劃，以及工作團隊無比的細心和耐心，因為一旦拍攝時出了錯就得全部重來。然而，這種從開始到結束一路繃緊神經的氛圍，正是他最樂於享受的體驗。「我會先在腦海中跑一次可能遇到的狀況，設定鏡頭的運動方式，確保軌道運行順暢，請工作人員走位，看看怎麼走才不會互相碰撞。一切確定都沒問題了，就根據筆記去試拍，然後才會正式拍攝。」

「將無限的創意濃縮至有限的時空」這段過程，很過癮，很熱血！

 將腦中構想畫在手帳上，再具體實行

IDEA 唯一具有「手帳」外型的筆記，是 Outerspace 的商品。封面設計很有巧思，翻玩蒙娜麗莎，卻又將臉部挖空，讓使用者可以自己畫上不同的表情，也可隨時撕掉重畫。筆記裡，紀錄了四年前爲林逸欣拍攝的 MV〈公主沒病〉場景設計草稿。

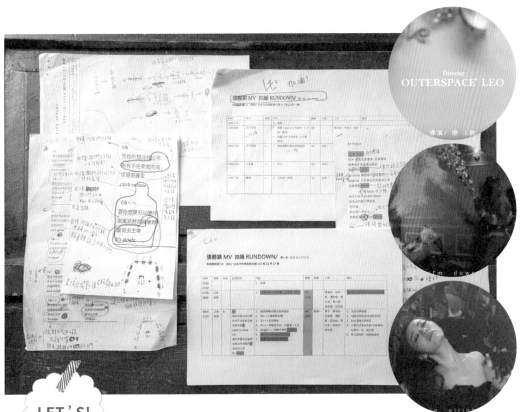

LET'S!
一目瞭然

想知道這支影片的拍攝過程，可在 YOUTUBE 搜尋導演版花絮喔

這是 2014 年幫張靚穎拍的 MV〈Bazaar〉，由於是和中國《Bazaar》雜誌合作，希望呈現很多大品牌以及多種時尚樣貌，事前花了很長的時間針對細節做設定，拍攝難度無敵高。這次使用了跟電影《地心引力》一樣的特殊機器（motion control），它會紀錄軌道，光是設定路線就花了兩天，事後的去背和動畫合成也是做到想死。歌手當然也是辛苦到爆，二十四小時內要拍完，所以一天之內換穿了二、三十套衣服。一切只為了四分鐘的影片，但是成果很令人滿意！

LET'S!
一目瞭然

別小看只有七句歌詞，這只是其中一個場景，用來説明歌手的走位。在這個景裡，她的分身們會從不同的門出現，我必須設計好從哪裡開始走到哪裡、唱到哪一句時哪個人要從哪個門走出來才不會相撞，所有細節和拍攝順序不容絲毫差錯，否則可能就拍不出來了。

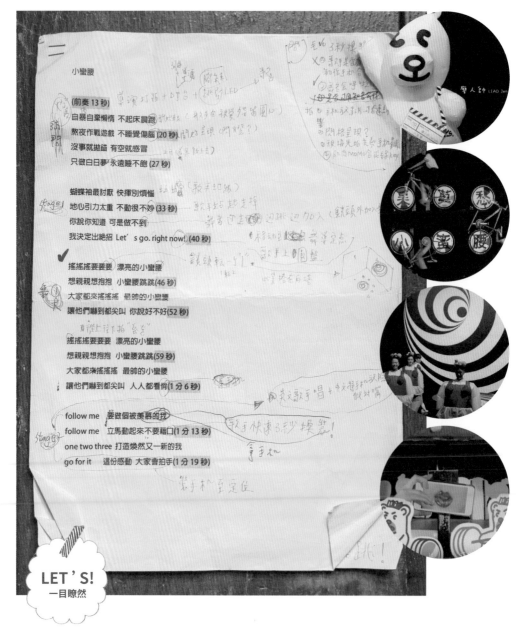

這支吳莫愁的〈小蠻腰〉MV 玩了很多錯視與視覺暫留的效果，我拍到快崩潰了。它的概念
有點像 OKGO 那樣，但 OKGO 只有玩錯位，這支則是錯位加視覺殘留。這是我拍過難度最高
但 CP 值頗低的 MV，因為一般觀眾不一定想要這些，他們還是想看到歌手漂漂亮亮、舞跳
得好就夠了。另外，臺灣的拍片環境很壓縮，跟國外 OKGO 那種規劃都是半年起跳、有很多
時間可以實驗的工作方式完全不同，所以 MV 難免有一些美中不足的地方。但是再怎麼吃力
不討好，我還是堅持自己的攝影概念，因為它比較有挑戰感，有趣多了！

保持熱情，
就會越來越接近夢想，最終完成夢想！

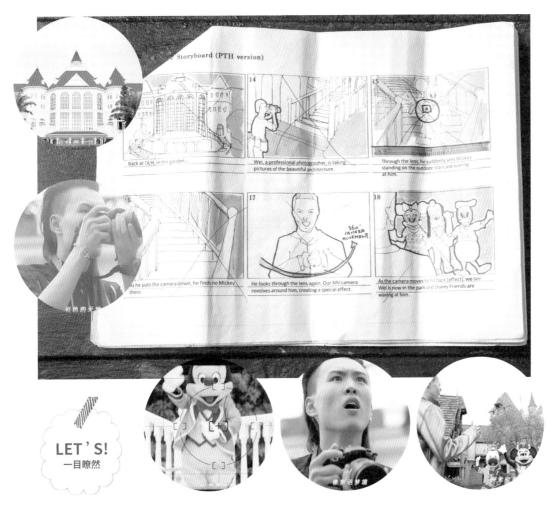

LET'S!
一目瞭然

迪士尼是很多人童年的夢想之地，Leo 也不例外。去年有機會拍攝香港迪士尼十週年的 MV，讓他相當開心，畢竟能讓這些心目中的經典人物「按照自己的腳本，完成自己腦海中的畫面，除了感動，真的沒有別的詞了！」他相信，自己現在做的，或許也是在為孩子們構築另一個夢想。

「這是來自迪士尼的原稿。我先跟香港那邊開完會，再將會議內容提給美國迪士尼，由專門畫腳本的師傅協助把我們要的感覺畫出來。」這頁有六格分鏡圖，竟然只占影片短短十秒的時間！不愧是迪士尼，作業真是細膩啊！

每個夥伴的筆記本，都是老闆的手帳
呈現了團隊溝通、創意激盪的痕跡！

看完了「廖人帥導演」的作品紀錄，那麼，「Outerspace 品牌」的商品紀錄呢？五、六年前，Leo 的筆記本裡處處可見親手繪製的草稿（參看《給我看你的手帳》，2011 年出版），現在還有在畫嗎？「想看跟商品有關的手帳內容？可以啊！（起身）大家，不好意思，請把你們的手帳拿出來一下～」廖老闆別這樣，員工會不開心啊⋯⋯還來不及阻攔，他們一個個就露出靦腆又可愛的笑容，很大方地將筆記本拿過來了。

「隨著 Outerspace 團隊變得越來越齊整，我現在幾乎不畫設計草稿了，都是夥伴先畫好，我再修改。」Leo 說，他們現在有定期會議，而且開會變得比較紮實、有效率，「我們會先討論，夥伴們再根據我的需求，去尋找可能比較貼近的方向，看看是對是錯，然後我們才進入設計階段。」品牌經營了幾年下來，工作流程漸漸變得精簡，團隊分工漸漸明確，他已經不需要在商品開發上操太多心了。

吸睛度 up!

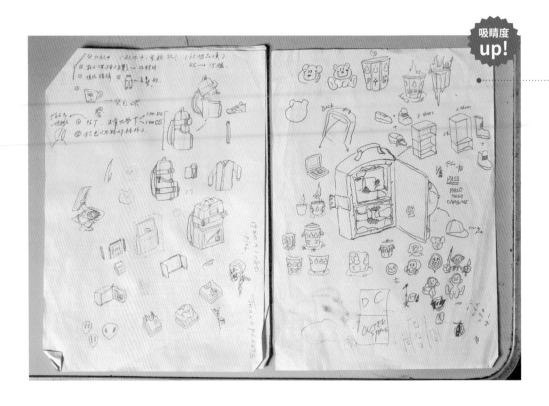

之前在 LA 認識了碧昂絲的舞蹈老師（他曾經穿過我們的衣服拍照上傳，還被吹牛老爹分享——自家商品能出現在吹牛老爹的版面上，我覺得滿屌的），他談到想要有一個自己的包，需求很簡單：容量夠大，具備旅行功能。因為他經常和歌手跑巡迴，非常需要一個又大又便利的包包。聽了他的想法，我們就為他設計出像這樣的背包，可以後背，也可以手提，容量大到足以放好幾件衣服和一雙男性高筒靴。

雖然是少量生產，部分寄到美國給他，只留部分在臺灣銷售，對我們來說這仍然算是今年的大計畫之一。因為他會將包包送給名人朋友們，這樣一來，就有更多人認識 Outerspace 這個品牌。利用設計軟實力與國際交流接軌，正是我一直以來的目標。

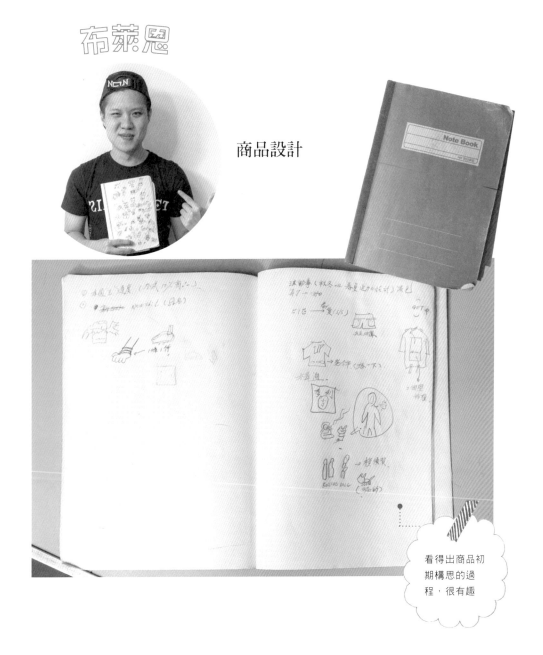

商品設計

看得出商品初期構思的過程，很有趣

丸子

商品銷售

週記事

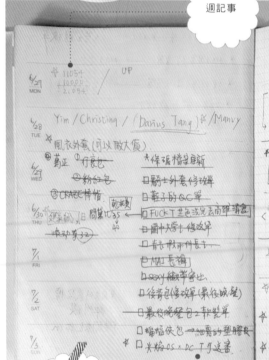

會議紀錄

將待辦事項一一
列出來，做完了
就槓掉，帶來滿
滿成就感

有條有理的樹
狀圖筆記法

蝦蝦

商品製作

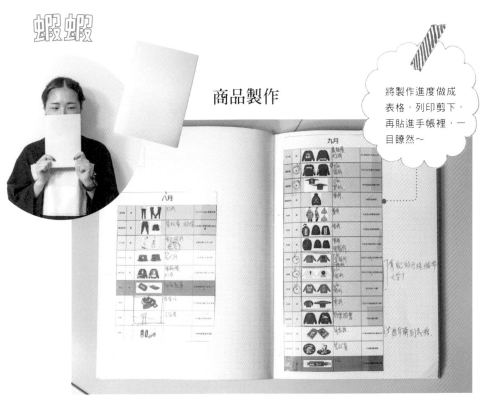

將製作進度做成表格，列印剪下，再貼進手帳裡，一目瞭然～

小 B

商品企畫

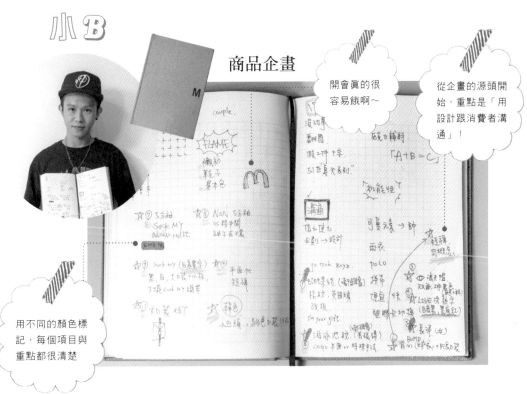

開會真的很容易餓啊～

從企畫的源頭開始，重點是「用設計跟消費者溝通」！

用不同的顏色標記，每個項目與重點都很清楚

CASE **14**

從立業到成家，
深刻體悟父親「甜蜜的負荷」詩句意涵

吳志寧

前獨立樂團 929 主唱、田園詩人吳晟之子 (38)

從筆記方式的改變，
見生活樣貌的轉變

「哇，我以前好物欲喔！」一看到自己多年前的手帳，臉上始終帶著親切笑容的志寧，以開朗的語氣評論著，「哈哈，太物欲了，我怎麼想這些有的沒的啊？！」

翻開《給我看你的手帳》，時光立刻倒轉了五年，志寧津津有味地回顧當時的生活樣貌。他指著一張仔細描繪的空間設計草稿，那是年輕時的夢想之一，「我大概理解那個想法，當時覺得，如果擁有一層電梯華廈，有個三、四房和大客廳，就太好了。其實就是一種物欲而已：『我想要這麼大的空間』，稱不上是夢想。現在住的地方有五十五坪，但真的住在裡面也沒什麼特別的感覺，倒是都在思考小孩的活動空間要怎麼規劃，地上要鋪什麼，桌角要貼防撞護片等等……」聊到即將出世的女兒，志寧原本就溫柔的表情和語調裡，更增添了滿滿的喜悅。

對照現在的手帳與五年前受訪的內容，一面遙想過去，一面展望未來。

七、八年前，剛退伍的志寧為了做音樂來到台北，找了個地方當成工作室兼住處，寫歌、錄音，《也許像星星》、《吳晟詩歌》等專輯便是在此誕生的。後來漸漸擴充規格，如今三、四十坪的空間裡，控制室、練團室一應俱全，他就搬了出去，將工作與生活分開。相中高鐵桃園站的生活機能與交通便利，婚後便在此定居。

「這些年真的改變很大！兩年多前認識我老婆，不到一年決定結婚，然後女兒今年出生……我現在寫筆記已經沒有那種浪漫的熱情了，不會管它漂不漂亮，主要是用來確認事情的，所以看起來比較沒那麼有趣了（笑），畢竟現在沒那麼多心思和時間去一筆一筆仔細畫、慢慢寫。」

近年來使用的手帳比起以前慣用的尺寸大了不少，唯有姐姐吳音寧「我愛溪洲」團隊製作的筆記本（左二）是例外

一年之計在於春！
寫下來就要實現的年度目標

「唉呀，看到以前的筆記，覺得現在大部分的內容好 boring，哈哈哈！」這兩年，他習慣使用大一點的本子，除了捕捉歌詞靈感之外，多數是密密麻麻的待辦事項，記錄的方法也很簡單：將要做的事情一一分日期列出來，做完就劃掉。

LET'S!
一目瞭然

密密麻麻的待辦事項。
攝護腺肥大的保健知識→,是說
為什麼要記這個啊？（搔頭）

「我發現自己一整年要進行的工作，差不多在年初就確定了。所以，每年都會先在手帳裡寫下大目標，再想想要怎麼分配進度和時間。」正當我們連聲驚嘆：不愧是務實的魔羯座男子！人生一整個就是方向感十足啊！他立刻自嘲地說：「是這樣嗎？黃玠看到我的筆記本，感想是『志寧，你記憶力真的不是很好耶！』他是不需要筆記本的人，腦子很好；我很怕自己忘記，如果不寫下來就會漏東漏西。」採訪前一天，志寧正好去看了黃玠在 TICC 的表演，大讚老友不僅將三十多首曲目都背下來，連中間要講什麼、幾分幾秒要做什麼都記得一清二楚，太厲害了。不過，由此也可看出他的謙虛性格，其實只要稍微翻閱幾頁筆記，就會瞭解他的工作量之大、細節之多，如果沒有一顆超級腦袋真的很難應付得來。

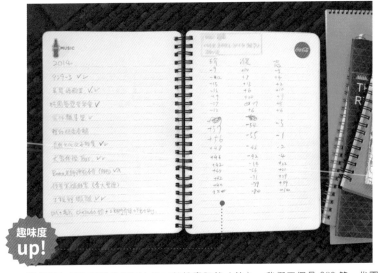

IDEA 寫出年度計畫，逐一落實

二〇一四個人年度計畫：九二九第三張專輯，出一本書，擔任「大象體操」製作人。做到的打勾，沒做到的就打叉。

趣味度
up!

這是兩年前和黃玠他們打大老二的輸贏記錄（笑）。我們三個是 929 第一代團員，久久才能抽空聚在一起，一見面就要玩個牌，是認真地喔，還有匯款帳號哩。不過，大家都越來越忙，從這次之後就沒能再好好聚一下了。

2014 的 929 年度計畫

2014 年《吳晟詩歌 2：野餐》專輯規劃

2015 年和黃玠、楊大正等一票老朋友，
共同演出的「島嶼天兵」演唱會歌單。

從創作者的手帳，
看見靈感的捕捉、孕育與成形過程

「我不擅長收納，從筆記本就看得出來。寫得很零散，這裡一撮那裡一撮。而且字好醜喔，真像國小學生寫的，哈哈！」創作是沒有假期的，當然也不會有規律，他習慣隨身帶著一本筆記、一枝鉛筆、吉他 pick 和隨身碟，想到什麼就寫什麼，這些隻字片語最終都成了珍貴的作品。「我現在也常用 iPhone 記錄，但是思考的時候，還是喜歡把想法寫在紙面，最後才用電腦打字建檔。」

〈當你忘記〉的歌詞

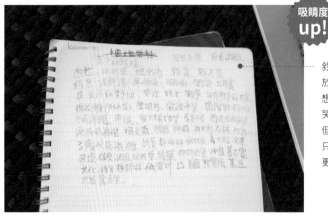

吸睛度 up!

敘利亞的難民新聞，觸發我想寫一首關於移民危機的歌。我將聽到的看到的想到的關鍵詞都記下來，例如鐵絲網、哭泣的小孩等等。以前也會記錄詞彙，但是太在意押韻，容易被框限，現在只抓住腦子裡浮現的意象，創作起來更加自由。

親情度 up!

寫給女兒的歌〈你的心跳〉初稿
從中可看出無盡的父愛，以及一直以來對於土地與生命的關懷。

LET'S!
一目瞭然

在討論〈緩緩降落〉的 MV 畫面時，團員說了一句：「沒 sense 有 sense 只差一盞燈。」意思是，在黑暗之中，一盞燈就決定了你的 sense。我覺得很有道理也很有意境，就把它記了下來。

這是志寧 2016 年最重要、最耗費精力的大計畫，從手稿裡可看出整個企劃的繁複龐雜程度。

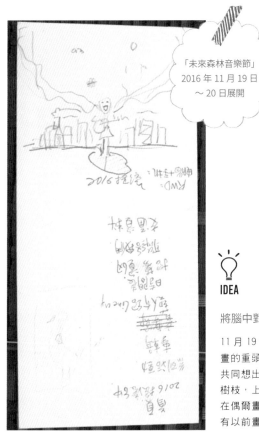

「未來森林音樂節」
2016 年 11 月 19 日
～ 20 日展開

將所有合作的單位，畫成一個串連起來的圖。

IDEA

將腦中對活動主視覺的樣貌畫出來，再和工作同伴討論

11 月 19、20 日在台中舉辦的「未來森林音樂節」，是這個計畫的重頭戲。我和美術設計同事一起討論音樂節的主視覺時，共同想出了這個畫面：一個唱歌的小女孩拿著吉他，頭髮長成樹枝，上面有森林裡的小動物，下面則是工廠排放的黑煙。現在偶爾畫畫大致都像這樣，是為了工作上的溝通，可以看出沒有以前畫得那麼投入，只是描繪一個概念而已。

隱藏版！
不知何時會蹦出來的驚喜留言

KK 是老婆哥哥養的貓，前陣子過來和
她作伴。

「當初受邀做這個案子時，有點猶豫，一方面覺得是個不
錯的挑戰，另一方面還有個重要計畫：生孩子。果然，決
定接下案子之後，沒多久老婆就懷孕了，等於兩件大事同
時進行，讓我前陣子焦慮得不得了，所幸一切都慢慢上了
軌道。」今年忙得焦頭爛額的志寧，幾乎抽不出空來好好
陪伴家人，偶爾翻到老婆偷偷在筆記本裡留下的畫／話，
會心微笑之餘，更加確立了 2017 年的新目標：陪老婆，
陪小孩，陪家人，創作表演。說到做到。

老婆懷孕之後都沒能好好陪她，很感謝
她的體諒。collya 是我女兒的名字。

即使科技持續進步，
傳統仍有不可取代的價值

LET'S!
一目瞭然

「我身邊已經很少人在用筆記本了。像我老婆小我九歲，
就完全沒在『寫』，她們這一代幾乎只用手機，而且輸入
的速度比我們快好多，我都無法理解怎麼能用得這麼順。
我打字比寫字慢得多，所以還是持續手寫。」志寧有感而
發，緩緩地說：「我覺得，手帳這個主題可以一直做下去，
因為再過十年、二十年，或許它們會成為難能一見的『古
蹟』，像黑膠一樣，漸漸變成珍稀的收藏品了。」

日星鑄字行的鉛字印章。當時我的公司「Che Studio 切格瓦拉音樂工作室」要做 LOGO，想用我爸的手寫字。其
實我爸寫字就是很值得記錄的一件事，因為現在大家不太寫字了，我發現連很多作家也在用電腦打字，像他那樣
堅持手寫的作家越來越少了……

從手帳聊到手機，再談到現在盛行的直播風潮，志寧笑稱自己「活在上個世代」，有點抗拒，不是很想嘗試。「這種感覺就像紙本書和電子書，像是之前送我爸 iPad，他說：『我毋愛那款物件，書是不可能被取代的，電子書是要怎麼看！』結果他現在都是自己用觸控筆回 email 了，開心地說：『有人要找我，都不用麻煩別人幫忙了。』我覺得自己對於新事物的態度有點老派，就像一開始要幫阿媽裝冷氣，她很排斥，還拿掃把要趕工人，但是現在也是用得很舒適。」

從談話裡聽得出志寧並非一味守舊，而是習於謹思慎行，他下了個結論：新與舊，不代表錯與對，所以就順其自然吧！

一筆一劃，一點一滴，都是生活的印記

跟老婆認識之後第一次看電影。沒有人知道往後的人生會往哪個方向走，像這樣記錄下來，日後再回頭看，特別覺得有意思

二〇一四年下半年的計畫。求婚是人生大事，當然要寫進去囉。

這是求婚的準備事項，不寫下來，真的很怕忘記啊（笑）。

結婚喜宴想邀請的賓客名單，啊～都是好重要的朋友啊～

CASE **15**

細膩記錄日常，就能反覆回味生活裡的變與不變

奶油隊長

自由創作者、玩具公仔收藏家（祕）

「不敢相信！我要當爸爸了！」
今年四月的筆記裡，生動地描繪了陪老婆產檢的過程，以及看到螢幕裡那個小光點時激動的心情。

用手帳與家人溝通，
處處皆是「家」的痕跡

工作室裡，琳瑯滿目、大大小小的玩具們擺放得一絲不亂，即使這五年內生活已經發生了重大改變，對於玩具的熱愛仍然不減，這個五、六坪大的空間仍是專屬於他的聖域。「你們來採訪那年，年底我結了婚；今年你們再來，我的兒子即將出生了。」聽到這句話很難不驚訝，或許是因為談到喜歡的玩具時那眼神發光的模樣，或許是因為置身於這個充滿童心的夢幻空間，讓他渾身上下散發著大男孩的氣息。不過，這樣的變化確實清楚地呈現在手帳裡。

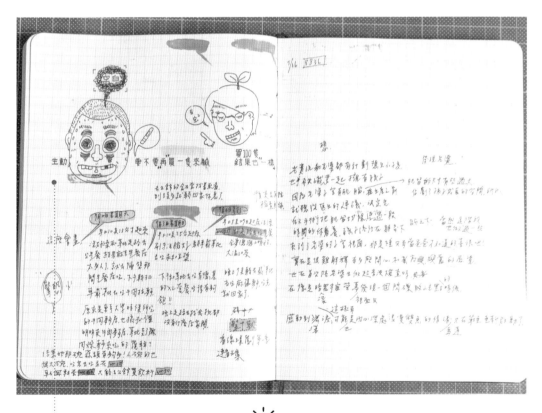

💡 **IDEA** 寫下對話，之後翻閱手帳馬上就能回想起當時景象

「要不要再買一支來驗？」「買一百支結果也一樣。」

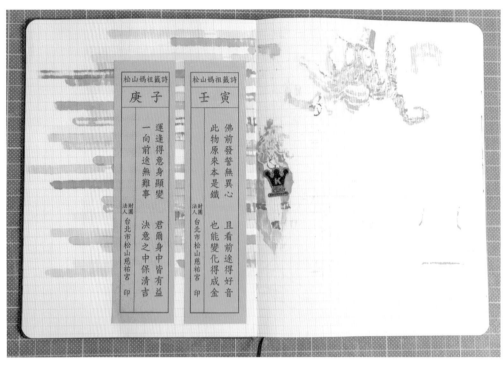

老婆平時習慣去廟裡走一走，如果有想問的事就會順便求個籤，這兩張就是她幫我求來的。

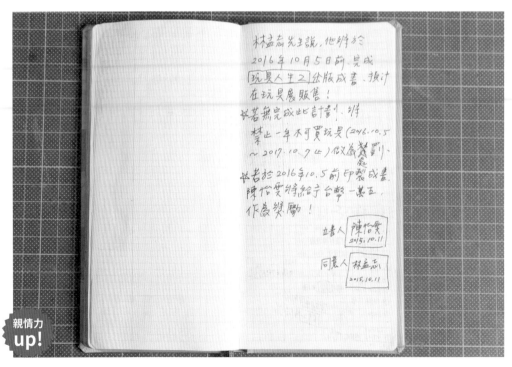

親情力 up!

老婆擬訂、雙方同意的契約書，是一個很大的動力，讓我更加積極取材，否則就不能買玩具了（哭）。

奶油隊長說，他們夫妻之間沒有祕密，「她的職業是網頁設計，也會寫寫畫畫。結婚之後，我的手帳就像公用留言本一樣，她心血來潮時，就會趁我不注意拿去偷看，在旁邊畫個圖或是寫幾句評論。」兩人日常相處，難免會有一些小小的抱怨，但是他一向不喜歡與人當面起衝突，所以選擇了一個比較「軟性」的好方法：「寫在手帳裡，這樣可以避免爭吵，也能讓她知道我的想法。」

2016 年 1 月的記錄。因為是年初，所以寫得特別認真，還特別寫下「今年用最多的時間來畫畫」的抱負。

各種角色練習

「每次要好好畫圖，老婆就在旁邊發出聲音弄東弄西的！唉！！」 將抱怨寫下來，除了紀錄即時的情緒，也能讓老婆看了之後更明白我的想法。

看得出來很常吃麥當勞

 連爭執的場景都畫下！過了幾日後再看，也忍不住噗哧一笑。

經常寫下對自己的各種激勵和計畫

既難得又奇妙的場面：和老婆打架。想想覺得很不可思議，兩個大人竟然會這樣扭打啊，而且還發生在一年之初啊。

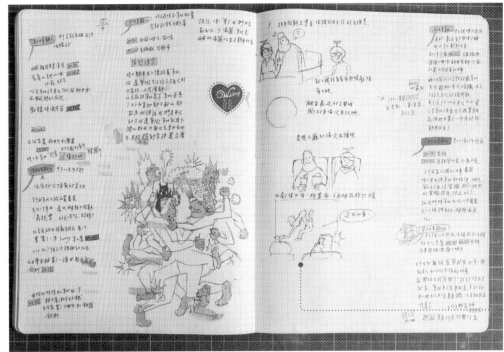

打架這件事實在太妙了，所以特地再畫了一次，把感受畫出來：打人的和被打的都是我自己。和一個人在一起久了，對彼此非常熟悉，對方就像另一個自己，瞭解你的喜好，也清楚你的痛點。當親密的人明明知道你的地雷在哪，卻故意去踩它，理智線真的會突然斷裂。

和老婆去看 B 級搞笑電影，有一段劇情很荒謬：男主角坐著，有個女生在他面前跳舞，然後把腳勾在他身上，用屁股打他的臉……之所以畫下來，是因爲當時老婆看到這一幕，竟然幽幽地說：「這我也會。」我一聽傻了，差點笑死。

當記錄成爲習慣，
平凡的日常也能展現藝術感

奶油隊長從小就有美術天分，小學開始在簿子裡塗鴉，並從同學的反應裡獲得成就感。進入職場之後，選擇的工作都和玩具有關，從設計到製作、生產、品管與行銷，甚至採訪許多玩具收藏家，親自攝影、撰稿、排版，完成《玩具人生》一書。他在手帳裡，詳細記錄自己買了哪些玩具——貼上標價，再仔細地一一畫下來，「這可能是我的強迫症吧，覺得一定要記下是在哪裡買的、花多少錢、買了什麼才可以。」除此之外，手帳裡還有滿滿的新創角色練習，想像中的人物躍然於紙上，每一頁都色彩繽紛。

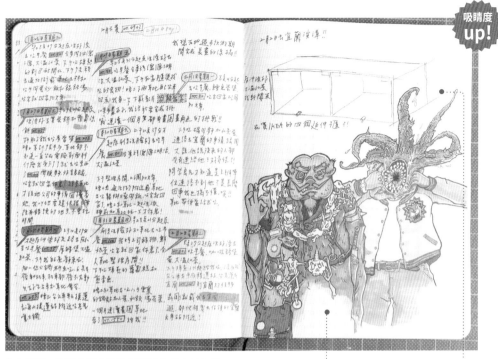

角色練習：專門收集小動物屍體掛在身上的和尚

為了不讓心愛的玩具沾染灰塵，又不想用玻璃門櫥，所以去 IKEA 買櫃子，再另外買壓克力材料和螺絲，自己製作陳列櫃。

記帳力
up!

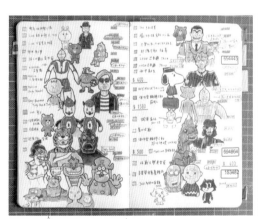

玩具購買記錄。貼上價錢標籤，再將它們一一畫下來。

為「哆啦A夢誕生前100年特展」設計的胖虎展示舞臺草稿

字體設計初稿

多年來，他使用手帳的方式完全沒有改變。「我是一個生活很規律的人，作息很固定。」跟以前一樣，他現在仍然每天記錄起床時間，持續記帳，包括存款和卡費；仍然使用普通的細字筆，字寫錯就打個叉叉，不使用修正液；仍然將水果標貼和超商集點貼紙，一個個貼進手帳裡。「我不是一個很科技的人，不太用電腦，習慣手繪。筆記呢，我想也是會一直寫下去吧。」

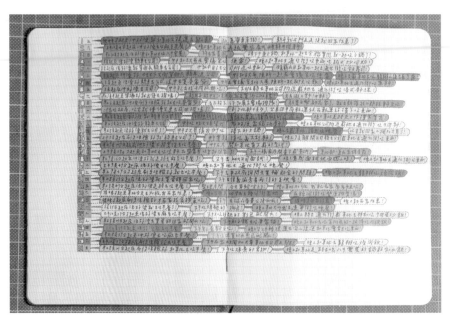

先將一個月份的日期寫好，隨著月記事慢慢完成，再用麥克筆依照彩虹順序一一上色。

水果標貼
由此可以看出家裡經常買奇異果，多C
多健康。

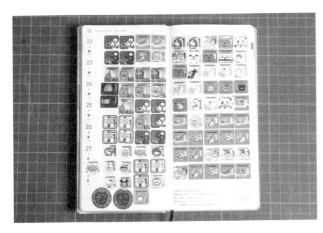

各個超商和超市的集點貼紙

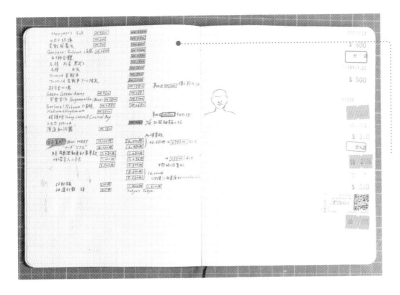

簡易型購物記錄，羅列各
品項和價錢。
不論是情人節禮物或生
日禮物，我喜歡和老婆各
出一部分費用，這樣一
來，每個禮物都會有「這
是我們兩個人共同擁有」
的感覺。

………… 老婆的甜蜜留言：謝謝老公
給我的生日驚喜！ LOVE YOU

………… 仔細登記各筆款項

喜歡重複、重視規律的他，對於手帳的喜好倒是有了顯著的不同。「以前我只會買 Moleskine 的筆記本，但是自從用了老婆在日本買來送我的 hobo 手帳，發現每一種款式、每一種尺寸都有不同的優點，現在會想多嘗試不一樣的筆記本了。」有固定的堅持，有新鮮的嘗試，或許正是親愛的家人為他帶來的改變。

………… 這是漫畫家松本大洋為 hobo 繪製的限定
版，老婆在日本逛手帳展時購入。

………… 去年在玩具公司當了三、四個月的上班
族，每天都一肚子怒火。文字看似平靜，
卻能從塗鴉看出當時爆炸的情緒。

………… 電腦一直壞掉，真的很值得生氣！

五年份的手帳，完全呈現出人生的厚度啊～

平常都在這張桌子寫字畫圖。
認真記錄當天採訪的經過。（其實是被編輯逼迫的 XD）

由奶油隊長親自陳列的筆記們。排好之後，他一邊滿意地拿手機拍攝，一邊說：「比起現在流行的簡潔風，我喜歡這種豐富的畫面感，這是我一貫的風格。」

CASE **16**

每一本繽紛的手帳，都是一場愉悅的小旅行

肉拉

自由作家（祕）

厚得像塊磚，足見每次旅行有多豐富紮實。

當下用心去感受，
事後再用手帳收藏回憶

好久不見的肉拉，從包包裡拿出近期的手帳：清一色的 Traveler's NoteBook，用粗橡皮筋捆紮得方方整整，從側面看過去，厚厚的像一小塊白磚。「其實我帶來的只有一部分而已，只挑了這幾本，覺得內容比較具代表性的。」很喜歡旅遊的肉拉，經常利用假期飛去不同的國家。每一本手帳，就是一趟旅程。可愛的字跡與插畫，詳細記錄了一路上的點點滴滴，一頁頁翻過去，就像跟著進行了一趟異地之旅。

自從使用 Traveler's NoteBook 之後，就愛上它了！尺寸便於攜帶，紙張適合書寫，是旅行者的好夥伴。

白雪皚皚的聖誕節：
俄羅斯

為了一圓夢想，安排了半個月的俄羅斯之旅，在那裡度過特別的聖誕節。

路線圖。途中換乘了多種交通工具，包括飛機、火車、巴士、船……

吸睛度
up!

小技巧：只要客氣地請空姐幫忙，就有機會索取到機長與機長的簽名喔。

IDEA

貼上票根，成為旅途上獨一無二的回憶

公車票（這班公車很神祕，沒有站牌，隨招隨停）
雖然完全不懂俄文，但是他們的文字看起來好美啊，所以除了必定收集的票根，還買了好幾份報紙帶回來。

夜鋪列車票（花了很多時間找火車，驚險地在發車前兩分鐘才順利搭上）

可愛的俄羅斯娃娃造型貼紙

餐廳收據上印有可愛的 LOGO

用拍立得記錄美麗的雪景

雪地裡的旋轉木馬

吸睛度
up!

回程航班也要給機師簽個名

閒適東歐行：
斯洛維尼亞、克羅埃西亞

這也是一趟長時間旅行，行程排得很鬆，以閒散的心情，到處走走晃晃。

非常喜歡 Rovinj！在這裡待了三個晚上，夕陽很美，舊城巷弄也很迷人。

IDEA

手繪旅途中的餐點，並貼上
餐廳名片！

手繪匈牙利在地料理。這間餐
廳很有名，我去了兩次，每道
菜的分量都很大。

最熟悉的異地：
無數次的日本小旅行

2011 年開始，有一陣子迷上鐵道之旅，經常請個兩三天假就飛過去，搭乘特定列車，享受鄉間風情。

日本最南端車站

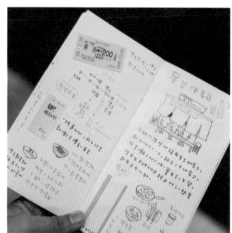

在北海道的福岡進行屋台體驗

手繪＋貼紙，構成一幅可愛的風景

旅行的意義，就是收集每個車站的特色印章

從盛岡返回東京後，在車站二樓喝了一杯啤酒，
慶祝行程順利！

大家都很熟悉的東京（笑）

精緻的紀念乘車證

日本最古老的「道後溫泉」

在宮浦港親眼看到草間彌生的紅色南瓜

一家人的歐洲旅行：
德南之旅

在這些手帳中，有一本特別不同。以往的手帳幾乎看不到人物照，唯獨這本處處貼了一個可愛小男孩的照片──這五年之間，肉拉去了很多地方，換了幾個工作，更大的改變是走入另一個人生階段：兒子出生。

熱愛旅行的她，並不因為有了小孩而「戒癮」，而是等到兒子剛會走路，就安排了為期兩週的德國之旅。「會選擇德國，是考慮到這裡的環境對小孩很友善。我們一到當地就租車，要去哪裡都很自由，時間可以自己掌控。行程也排得很鬆，盡量不跑太多點，每個地方都連續住好幾晚，讓孩子適應環境。他已經會自己走路了，只要說『我們去找貓咪』，他就會興致盎然地走到累為止，累了就睡，所以帶他出門其實很輕鬆！」

看來，帶孩子出門並沒有想像中麻煩呢！只要事前做好功課，就能享有一趟兼顧孩子體力與父母需求的優質旅程，並且在手帳裡共同留下美好的回憶。

從孩子出生就想帶他來國王湖跑跑跑~

IDEA 使用小型列印機輸出照片,裁成想要的尺寸,貼進手帳裡

百聞不如一見的新天鵝堡

在慕尼黑住的公寓,視野非常棒,住起來很舒服

販賣各式日用品的DM,好逛又好買

參觀穀物市場,裡頭有許多噴水池,兒子每看到一座都想過去摸摸水

CASE **17**

水彩忠實呈現所見所聞

Little

日文編輯、業餘插畫家（26）

Editor、Amateur Illustrator

Type / Moleskine Watercolor Album：繪圖練習本、
燕子賞鳥筆記本、Sketch Diary：紀錄每天三餐、
Midori Traveler's Notebook 深褐色（內裝 003 空白內頁）、
Midori Traveler's Notebook 駝色
（內裝月紀錄內頁與 003 空白內頁）
Weigh / 無法計算
Height / 2cm 吧

🧳 WHAT'S IN MY BAG

我剛好畫過這個主題呢，就請大家看看這張圖吧，有手帳、文具、折疊傘等等。下方圖示說明。

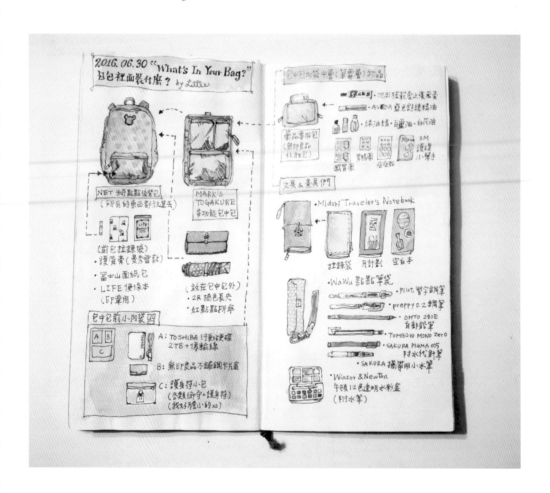

從國中開始的手帳之路

從卡通圖案外皮，進展為旅人手帳

從國中就有寫日記的習慣，雖然大學中斷過幾年，出社會後不知不覺又開始寫。

我的第一本手帳大約 是 2004 年買的，剛開始都是買外皮是卡通圖案的手帳，2013 到 2015 年則使用兩本搭配：MUJI 手帳記生活和 TN 記旅行；2016 年起手帳全都以 TN 為主。

現在主要是以 Midori 的旅人手帳為主，深褐色外皮以紀錄旅遊為主，目前有東京、台

南。駝色的旅人手帳則內裝月紀錄和空白內頁，主要是用於生活紀錄。平時寫手帳的場所，就是在家裡。

畫面比文字更容易幫助回憶

以畫圖為主的手帳

如果真要說我的手帳和別人不一樣的地方，可能是我幾乎都是用畫的吧。早期我也會貼很多東西（店家的名片、小卡片、印出來的照片等），後來手帳變得很肥又凹凸不平很難寫，我就決定不再貼東西了。那既然不貼東西就只好用畫的囉！

特別是我記憶力很差，所以就會把想要記得的東西都盡量畫出來，畢竟有些事物（比如說料理的樣子）光用文字描述，以後還是會想不起來。

LET'S!
一目瞭然

上方是每日吃的餐點，
旁邊寫下日期和名稱。

LET'S!
一目瞭然

下方則是每日進
食紀錄。（笑）

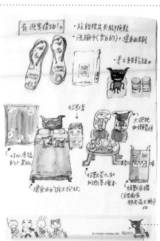

LET'S!
一目瞭然

左頁畫上旅遊的住宿處
外觀，並寫上心得。

LET'S!
一目瞭然

右頁畫下旅館的迎賓小
禮物。另外貼上沒有使
用到的折價券。（笑）

LET'S!
一目瞭然

LET'S!
一目瞭然

賞鳥紀錄！用畫筆畫下每個人的賞鳥配備！忠實呈現對話紀錄，現在一看彷彿還能看見當時情景。

賞鳥心得紀錄。當天還撞見了小水雉，真是可愛啊！

寫手帳的必備用具！

因爲我的手帳主要是用畫的，所以必備的是畫具。

主要使用的畫具是：牛頓塊狀水彩（目前在家使用 16+3 色盒裝、出門是帶 12 色迷你盒）、櫻花牌攜帶式水筆、鋼筆（寫字時常用微笑鋼筆，畫圖常用 preppy0.2，兩枝都是裝防水的白金碳素墨水）、鉛筆、橡皮擦、紙膠帶和剪刀是以備不時之需，其實很少用（因爲我很少貼東西，畫圖又不打草稿）（笑）

比較有趣的東西是 TN 的黃銅描字尺，我覺得質感很棒，描字很好用，擺著也很好看。

我的賞鳥筆記本，紀錄著當下賞鳥的情景。

寫手帳的心法——隨時隨地都能寫和畫手帳。因為每天都會帶所有的用具啊～

by 編輯部

手帳就是生活的紀錄、回憶的來源

CP 值最高！

沒有記在手帳上的事情大部份都忘了

我覺得手帳是我生活的紀錄，回憶的來源，多年累積下來發現，沒有記在手帳裡的事情大部分都忘光了。（笑）另外，最常去買文具的地方是一分之一工作室和明進文房具，買畫具或文具的話會去誠格美術社。

我覺得 CP 值最高的是無印良品手帳，我用過三本 B6 月週記事本，我覺得它基本的功能都有（年曆、月計畫、月週記事等），紙質也不差。特別是日系手帳通常不會印臺灣的農曆節令，但如果買無印良品的話，它會附上台灣的節令貼紙，這樣是很方便的，價格比起其他知名日系品牌也划算很多。我後來改用 TN 是因為我越來越少寫字，轉而以畫圖為主，因此才換成 TN 的月計畫搭配空白本。

夢想手帳

曾經很想用用看 HOBO 手帳，只是怕我沒有耐性天天寫才遲遲沒有下手。不過，如果看到非常喜歡的書衣可能就會手滑了吧。

CASE **18**

洋溢甜美氣息，以淡雅色調與柔軟筆觸畫出一片花田

Bonnie Chien
邦妮

插畫家、Hanada 小花田工作室合夥人 (29)

Illustrator

踏上夢想之路的第一步：
開闢一塊自己的小花田

轉進南京東路的安靜巷弄裡，拉開 Hanada 小花田工作室的透明玻璃門，淡淡的花香味立刻流瀉而出。在這個素淨雅致的空間裡，處處可見精心搭配的乾燥花束，架上隨興擺放著以色鉛筆繪製的貼紙、手機殼、明信片等商品，各式線條柔和、色調一致的小物，共同構築了一個「女孩專屬」的爛漫世界。置身於這個充滿溫馨夢幻感的舒適空間，讓人恍如走進了一座小小花園。它是由兩位可愛的女生——熱愛花藝的 Yuri 與擅長插畫的 Bonnie ——共同規劃並親自打造而成，只要稍加留意，就能在每個角落發現女孩們特有的巧思布置。坐在剛剛開幕的嶄新工作室，Bonnie 露出靦腆的笑容說道：「算是踏出了夢想的第一步。」

IDEA

寫下激勵自己的話語，夢想似乎又更近了一些

2015 年對自己的激勵，今年算是做到了 90%！

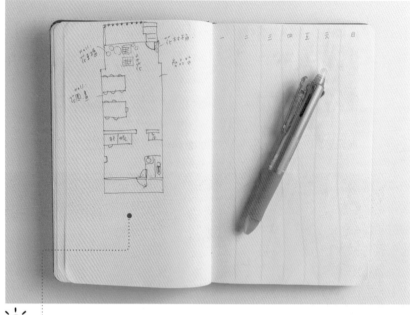

IDEA 在手帳裡勾勒夢想

小花田工作室初步空間規劃

從上班族到經營者，
變的是身分，不變的是對插畫的熱愛

「我一直很喜歡畫畫，最大的原因是以前曾經很想當服裝設計師。雖然後來走上了另一條路，但是我每天仍然不間斷地畫，直到現在。」這個興趣和習慣，讓她實現了另一個夢想。

2014 年是充滿變化與新契機的一年。「那年很豐富耶，我在 3 月登記結婚，6 月就離職了，辭掉報社美編這份既穩定又有點無趣的工作，決定自創品牌，做自己的東西。」眼神像貓一般，渾身散發有點神祕、有點慵懶又有點可愛氣息的 Bonnie，不太像個莽撞衝動的人，她說，其實早在離職之前，已經「兼職」一段時間了。直到離職後，利用 2014 下半年專心準備，隔年正式創立「Bon Bon Stickers」品牌，以貼紙為主要商品。這些貼紙大多以女孩為主角，有各種表情與姿態，既有真實人物的神韻，又有想像世界的夢幻，「我原本就喜歡畫女生，加上之前很想走服裝設計，所以經常會從雜誌裡找靈感，自然而然就發展出以女孩為主的插畫風格了。」

💡 IDEA

····· 畫上夢想，寫出心情。
手帳也是自我療癒的場
所。

在手帳裡貼上自己畫的
女孩。沒有完成的夢想
（服裝設計師），就用
插畫來代替吧！

人生只要專注做好一件事，就能慢慢累積能量。寫手帳也是！

之所以從小就培養出寫寫畫畫的興趣，或許也和個性有關，「我從小就非常內向，很少和不熟的人說話，但是其實心裡有許多想要抒發的念頭與感受，這時候，筆和紙就成了最棒的工具。」沮喪的時候要寫，在手帳裡紀錄失望的情緒；生氣的時候要寫，在手帳裡宣洩憤怒的心情；開心的時候當然更要寫，要把那些值得回味的片段保留在手帳裡。她喜歡在手帳裡寫下內心話，「哈哈，難免有一些不宜公開的負面內容（噓，編輯全都偷看了過了，根本還好！Bonnie 徹頭徹尾是個正面的陽光女孩啊～）但是，無論如何，只要將那些時刻紀錄下來，過一陣子、甚至隔幾年再回頭看，就能看出自己有哪些改變。」

LET'S!
一目瞭然

經常在手帳裡對自己說話，既是一種自我提醒，更是一種自我激勵。
日後再回頭來翻，還可以檢視看看自己進步了多少。

選擇手帳與裝飾手帳，
是一門很深很深的學問啊～

從二○○九年開始寫手帳，這幾年之間
Bonnie 換過許多品牌、款式與尺寸，今年更
是進行了一番徹底的實驗比較——一年內，
同時使用 TN 空白本、直式週記、橫式週記、

Midori MD 一期一會和 Moleskine 空白筆記
本。這麼多手帳，帶在身上不會太重嗎？「不
是每本都會帶出門啦，我會根據需求，例如
工作或旅行，基本上出門只會挑一本帶。」

針對近來使用的手帳，她賦予它們不同的功能：

TN 空白本：

專門寫單一主題或有一定篇幅的事情，比如說旅行，紙膠帶開箱展示等等。

直式週記、橫式週記：

直式週記用來檢視每天的行程很方便，橫式週記則是紀錄比較多當週的活動，也會貼上當週畫的作品，作為紀錄。（實驗結果：決定之後固定使用直式週記紀錄工作！）

MD 一期一會 A6：

根據以往的經驗，「一日一頁」形式的日誌通常無法寫好寫滿（再多話的人，也有不想說話的時候嘛～）。但是最近逼自己必須好好紀錄生活作息和工作摘要，開始執行之後，發現似乎可以完全取代直式週記……所以，明年是不是就用 A5 的一期一會當主要的手帳，再搭配 TN 空白本呢？就這樣！兩本！（還是要加上一本直式週記呢？……）

Moleskine 空白筆記本：

用來隨時紀錄靈感、筆記和草稿。

文具力 up!

今年經常使用這本直式週記紀錄工作，也最常帶它出門

方便又便宜的十元曬衣夾

為了區分類別，使用三色魔擦筆（我的心頭好！）

我很少利用手帳裡的「月計畫」，通常是使用桌曆記事，一目瞭然

出門旅行就帶這本！前面有夾鏈袋，便於收存票券、票根等旅途上收集的小東西

旅行時不可能帶著一堆紙膠帶，所以我會像這樣取一小段，貼在磁卡等工具上，它們就能隨時派上用場！

今日事今日畢，有檢討有反省，
一覺醒來又是新的開始！

Bonnie 喜歡在一天的尾聲寫手帳，也就是所有的事情都做完、準備上床睡覺之前。一方面可以檢討當天或當週的行程，做個總反省，一方面可以針對隔天要做的事進行小小安排。

以前還是個上班族時，她的手帳以紀錄心情為主，也會花許多時間細心裝飾。自從今年開始籌備這間工作室，時間完全不夠用，分身乏術之下，她改走「樸實風」——以紀錄工作為主，盡量簡潔而完整地寫下作息時

間、三餐、工作事項，加上短短的心情記實。

「不論有沒有時間，每天的紀錄真的很、重、要！」其實，如果認真執行，光是記下吃了什麼、做了什麼、花了多少錢，就能占去半頁的篇幅了。如果時間足夠，Bonnie 會在旁邊寫下當天發生的事；如果太累或沒什麼事值得寫，偶爾留點空白也無妨。

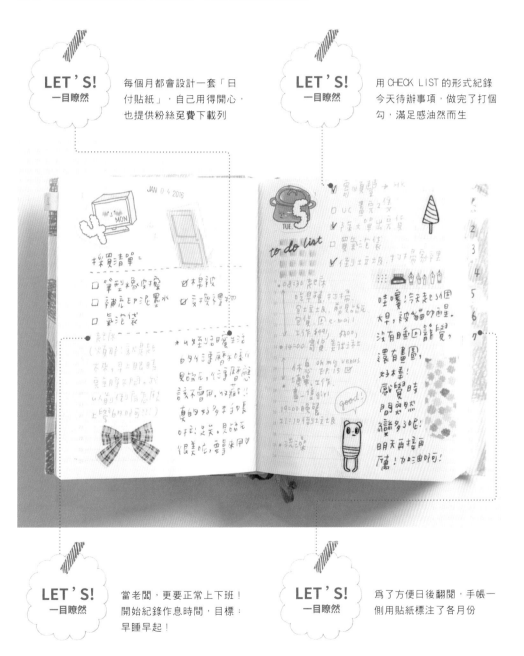

LET'S!
一目瞭然

每個月都會設計一套「日付貼紙」，自己用得開心，也提供粉絲免費下載列

LET'S!
一目瞭然

用 CHECK LIST 的形式紀錄今天待辦事項，做完了打個勾，滿足感油然而生

LET'S!
一目瞭然

當老闆，更要正常上下班！開始紀錄作息時間，目標：早睡早起！

LET'S!
一目瞭然

為了方便日後翻閱，手帳一側用貼紙標注了各月份

今年的手帳走實際風格，主要用來紀錄待辦事項、工作內容與生活作息。

對你而言，
寫手帳有什麼意義呢？

Bonnie 認為，一定要好好紀錄人生的重要事情。人生看似平淡，但如果能夠維持寫手帳的習慣，寫下當時的感受，將來看了，會覺得：原來其實也不那麼平淡啊！原來我吃過這個、去過這個地方、做了這件事！甚至失戀了受傷了，然後成長了體悟了……發生過的一切都是很值得回味的。

一邊介紹手帳，一邊勾起回憶的 Bonnie 說：「生活裡許多平凡的小事、偶發的靈感，如果不紀錄下來，人生就會像失憶了一樣，一片空白了。」

我的超級偶像「韓國 SML」親筆塗鴉

‥ 在文博會遇到的同好、高手、偶像與他們的作品

（歐巴～）照片是用噴墨列印再裁剪而成。簡單製作，不必使用昂貴的拍立得。

來看我的手帳吧！

我是紙膠帶超級愛好者，喜歡讓紙膠帶發揮到極致，用它們來裝飾手帳最適合不過了！有時候興致一來，我會在手帳裡一次貼好半個月，就算之後沒時間寫日記，翻閱的時候仍然別有一番樂趣！。

好多美味的食物啊～

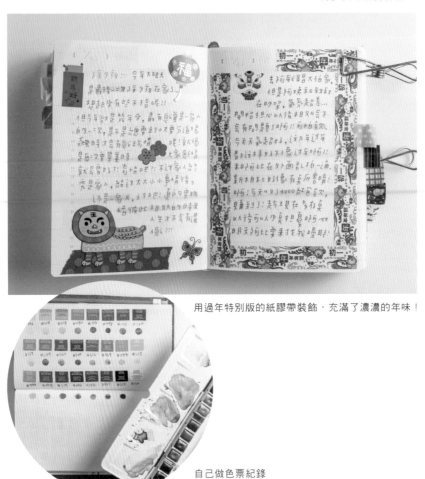

用過年特別版的紙膠帶裝飾，充滿了濃濃的年味！

自己做色票紀錄

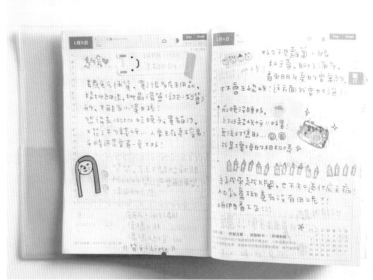

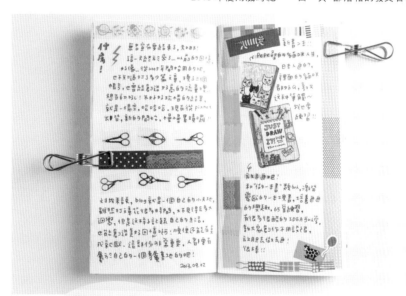

什麼？！無名小站關閉？！真是歲月如梭啊～～

試筆紀錄

CASE **19**

在手帳中照見充實又繽紛的生活

WHAT'S IN MY BAG

活動企畫（天蠍）

Activities PR Personnel

Type／工作手帳：椎名林檎「林檎班手帳」
休閒手帳：Traveler's Notebook RG/PA size
Weigh／無法計算
Height／Traveler's notebook（RG size）已數不清
Traveler's notebook（PA size）寫完 13 本往第 14 本邁進，
整本貼完後約 2cm

（工作用）
Frixion 四色筆、Frixion 0.5 黑紅（會議筆記用）、「自動鉛筆不買嗎？」社團團筆 CARAN d'ACHE 0.7 自動鉛筆、Tombow 赤青鉛筆 7:3

（手帳用）
白金牌 Preppy0.2 鋼筆、uni 白色太字牛奶筆、塊狀水彩、吳竹 Zig0.05 代針筆、Pentel 和 Sakura 水筆

LET'S!
一目瞭然

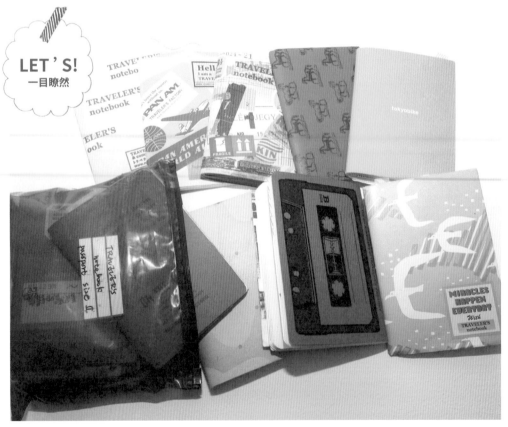

PA 尺寸頁面面積小，經常一趟旅行就寫完一本。目前已進入第 14 本。

林檎班手帳內頁，附有歷年專輯
和巡迴演出等資訊。搭配 Lisa
Larson 小貓收納夾使用。

僅限林檎班會員購買的林檎班手帳。
2016 年的書衣和「百鬼夜行」巡迴周邊
系列是相同概念，乍看宛如經書。

工作用筆袋內容。Frixion
中毒傾向。

近二十年的手帳歷，如今已不能沒有手帳

大腦和手就是最好的印表機

我是在高中時開始寫手帳，詳情請參閱 2011 年出版《給我看你的手帳吧！最強創意人手帳大揭密 X 熱血筆記術大公開》（笑）而如今，已經不能沒有手帳了！
而我平常會在公司、家中、旅行途中寫手帳。

有感相片印表機耗材昂貴，又無法隨身攜帶隨時印，因此今年在世界堂購入了 Daler & Rowney 塊狀水彩，後又陸續加入 Holbein、Rembrandt 等品牌構成了 20 色。加上水筆與鋼筆，從此就可以想何時寫就何時寫了。大腦和手就是最好的印表機！連貼紙都可以自己畫！

LET'S!
一目瞭然

吸睛度
up!

第一次畫的水彩紀錄。這是日本「上野動物園」遊記。

什麼分身？！
手帳就是我本人！

收集的漂亮紙張是手帳素材，而非捨不得的珍藏。

手帳對我來說就是本體。

我寫手帳一定會用到剪刀、Plus 滾輪雙面膠、Traveler's Company 名片收納貼、紙膠帶和印章。因為喜歡收集紙張，寫手帳時也會盡量再利用。另外，包括店家的名片、包裝袋、DM 等等，我也全部留下。希望把收集和文具當成「素材」及「工具」，而不是「捨不得使用的珍藏」。

夢想手帳

英國品牌 Smythson

LET'S!
一目瞭然

旅行用筆袋內容，以及裝在進擊的巨人方形鐵盒中的雜牌軍塊狀水彩。主要由 Daler Rowney 加上 Holbein 以及牛頓、林布蘭構成。

LET'S!
一目瞭然

第一次畫的水彩紀錄。這是日本「上野動物園」遊記。只要一盒水彩傍身，什麼都能畫，搭配吳竹 0.05 代針筆也可以自己畫貼紙！

最引以為傲的手帳神器就是鋼筆、拼裝版塊狀水彩和印章、紙膠帶。

我最常利用網路購買手帳和文具用品，另外也會在誠品文具館、一分之一工作室、鋼筆工作室系列店購買。

想跟手帳控們說：「我寫故我在」若要說我自己寫手帳的方式，那應該是我不會直接流水帳般的紀錄，我偏向將感受到及想表達的內容消化後，盡可能地使用繪畫和文字來紀錄。

目前用過 C/P 值最高的手帳，就是記帳用的四季手帳！

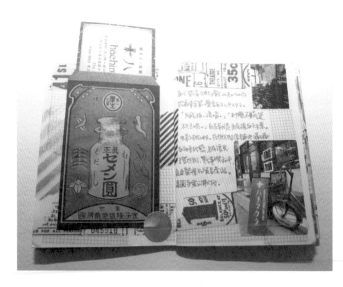

紙物店「hachimakura」一遊。
左邊的紙袋是骨董藥袋，因為打開時不小心被我粗魯撕破了，使用膠帶修補後當做頁面收納袋使用。

復古紙膠帶是寫手帳的好捧油。

TRAVELER'S notebook 的透明自黏收納袋用來整理店家名片非常好用。

使用中的Traveler's Notebook。駝色（PA尺寸）是旅遊手帳，黑色（PA尺寸）……
是工作筆記，棕色（RG尺寸）是休閒活動筆記，藍色（RG尺寸）是購物紀錄。

這幾年來，手帳有帶給你什麼改變嗎？
有什麼話，想對《給我看你的手帳吧！》的讀者說說：

時間從未停止流動，唯有手帳能將之製成標本永久保存。紀錄了甚
麼，就會獲得什麼樣的時光標本。手帳的製作如同手術，剖開自我
誠實面對，是一生的功課。

吸睛度
up!

使用水彩色鉛筆畫的 Joanna。這是《向左走向右走》
舞台劇觀劇紀錄。但是憑印象畫的缺點就是其實我
把領子畫錯了（哭）。

飛機餐的甜點「國王甜甜圈」，因為很可愛就畫下
留念。

本東倉庫外的貓咪。我喜歡有小動物的場所。

偶爾我也繪畫食物，不使用照片的好處是可以更快
速掌握物品的細節、顏色與質地，也是培養觀察力
的好方法！

CASE **20**

獨一無二！我需要的工具，就在這塊板子上

大人小學古文具

Address / Hobonichi Techo
Instagram / @darenxiaoxue
Facebook / 大人小學古文具

每一個物件都是在國外隨意逛遊一些有趣的店家時，不經意找到的寶藏。

職業結合興趣，
打造新與舊並陳的藝術空間

隱身在一整排公寓裡，大人小學古文具的外觀跟一般民宅無異，但是當它開門營業，走進店裡，就像回到了上一個世紀。

桑德的本業是插畫設計師，由於父親從事室內設計，所以他從小就對比例尺、製圖筆等工具懷有深厚的情感。從事插畫工作後，更培養了收藏文具的喜好。去年和朋友一起租下這個地方，幾個小房間是他們各自的工作室，公共空間則陳列了各式從國外精心挑選帶回來的古文具。

吸睛度
up!

剛好是臺灣形狀的石頭

和國家兩廳院合作的「巨大的想像」視覺形象藝術插畫，榮獲二〇一四年金點設計獎。由八張明信片組成，遠看是兩廳院的外觀，細看可以發現融合了許多特色表演。

再次和兩廳院合作，設計了一款桌遊，從遊戲發想、設計、插畫、印刷到包裝一手包辦。主題是臺北十六處藝文景點，包括寶藏巖、故宮等等，讓玩家扮演行人、駕駛等不同的角色，根據不同的移動方式，實際體驗在臺北這座城市會發生的各種狀況。

桌遊附的臺北街道地圖,以細緻的燙印技巧,呈現低調而華麗的美感。

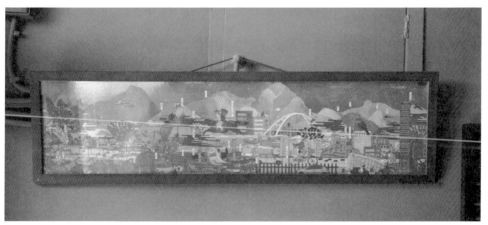

與故宮和臺北一○一合作的「路徑山河圖」,細膩描繪兩點之間的特色地景、建築與文化,沿路包括麥帥二橋、自強隧道、基隆河、外雙溪等等。

懸於牆面是一幅美麗的掛圖，也可沿虛線撕下當成明信片。

👍 寫手帳的心法──讓工具
配合自己，而不是自己去
配合工具。

by 編輯部　為自己量身訂作的手帳，
用起來非常順手。

古早時代，老師們都是用這個工具做考卷，俗稱「刻鋼板」

IDEA 為自己的手帳量身訂作更便於使用的機關

行動藝術家！
量身訂作自己的手帳！

「我以前用過 TN，紙質很不錯，厚度也夠，但是它比較無法配合我的工作需求。」因為工作性質的關係，裝訂成冊的筆記本對桑德而言並不合用，他需要很平的紙面，而且必須一張張分開，才能因應不同的工作進度隨時抽換，根據不同的時機更換素描紙、水彩紙、甚至是速食店餐盤紙。加上畫畫時經常要用到各種工具，包括針筆、水彩筆、自動筆、圖釘、橡皮擦等，所以希望有個抽屜方便隨時拿取。「所以我靈機一動，利用這種

油印機，改造成一張行動辦公桌。你們看，取下背面的鋼板，文具一應俱全。旁邊這個萬能夾很好用，可以夾筆、夾照片，也可以隨時增減紙張數量。我很喜歡它的重量感，出門都會隨身攜帶，這樣一來，不論身在何處都可以自由創作。」

手帳的目的是用於紀錄，當然不必拘泥於形式。這個獨一無二的「筆記本」，完全體現了創意的本質：無所不在。

吸睛度
up!

我的行動辦公桌

打開木板，就等於拉開一個小抽屜，裡面收納各種文具

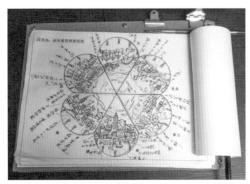

與紐西蘭傘廠合作的傘面設計，以我的出生地臺北為插畫主題

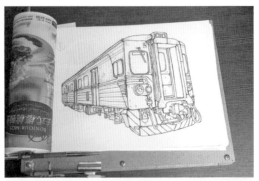

與臺北市文化局合作，為臺北鐵道文化節繪製的作品

以前的插畫作品

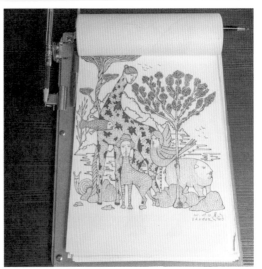

「巨大的想像」設計草稿

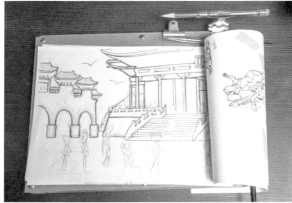

「巨大的想像」設計草稿

非常好用的萬能夾

精彩！
立刻就有滿滿的點子

PART
03

\實現夢想 · 手帳！/
召喚理想未來的筆記術

描繪想法筆記

> **point 2**
> 紀錄讀書心得，也順手畫下書
> 籍封面。寫下因書籍刺激而得
> 到的靈感與想法。

> **point 1**
> 因部落格關閉，回想雖然是默默寫著
> 部落格，但並非完全無用處，
> 所有寫下的回憶都是自己的。可以用
> 紙膠帶裝飾自己的小日記。

point 1

有時內心對某件事的感懷，都像是個勵志書佳句。心中有滿滿感受時，記得寫下來，無形之中也被自己所鼓舞呢！

point 1

只要相信，一定可以夢想成真！寫下目標和夢想吧，寫下之後你一定知道該怎麼一步步完成自己的夢想。

\ 工作 ・ 手帳！/
工作筆記術

對工作有幫助的筆記術

point 1
寫下起床的時間，平常工作也按照時間寫下。

point 2
因為按照時間寫行程，就可以發現自己是否浪費過多時間，或是把時間都拿去做無謂的事情。看著週計畫去做改善，例如選擇更早起。

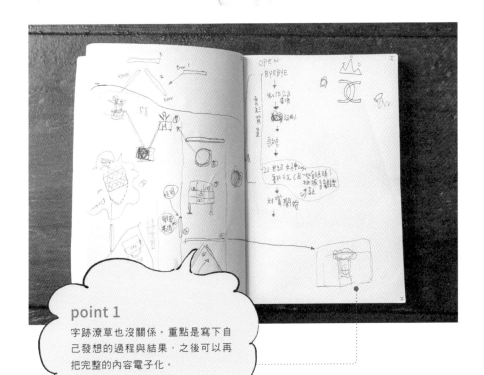

point 1

字跡潦草也沒關係。重點是寫下自己發想的過程與結果，之後可以再把完整的內容電子化。

point 1

寫下自己預備進行的待辦事項，當然，也包含像是求婚這樣的大事。寫下來是為了提醒自己這些事情相當重要，並且執行確實。

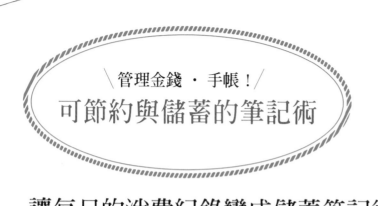

\ 管理金錢 · 手帳！/
可節約與儲蓄的筆記術

讓每日的消費紀錄變成儲蓄筆記術

每年每日都會記帳的奶油隊長，連出國旅遊買東西也不例外！

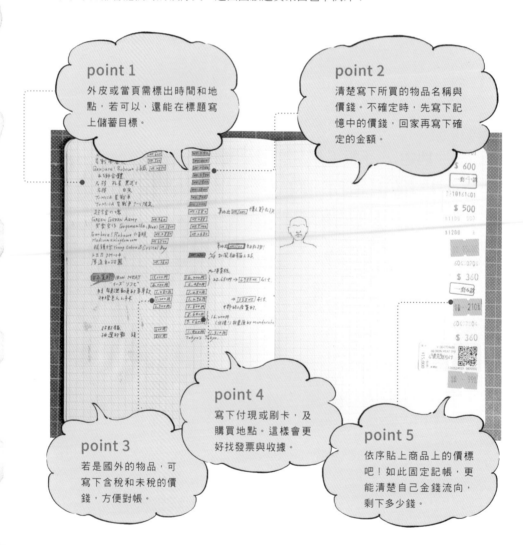

point 1
外皮或當頁需標出時間和地點，若可以，還能在標題寫上儲蓄目標。

point 2
清楚寫下所買的物品名稱與價錢。不確定時，先寫下記憶中的價錢，回家再寫下確定的金額。

point 3
若是國外的物品，可寫下含稅和未稅的價錢，方便對帳。

point 4
寫下付現或刷卡，及購買地點。這樣會更好找發票與收據。

point 5
依序貼上商品上的價標吧！如此固定記帳，更能清楚自己金錢流向，剩下多少錢。

我的購買清單！

point 1

寫下購買清單，並在旁邊畫下自己購買的物品！

point 2

貼上標籤和寫上購買時間。若是朋友送的，也可以特別標註。

\ 興趣・手帳！/

每天都更開心的興趣筆記術

旅・手帳

point 1

可以畫出自己平日的興趣、喜好。像是 Pokémon GO 寶可夢，御三家真是不好抓哪。

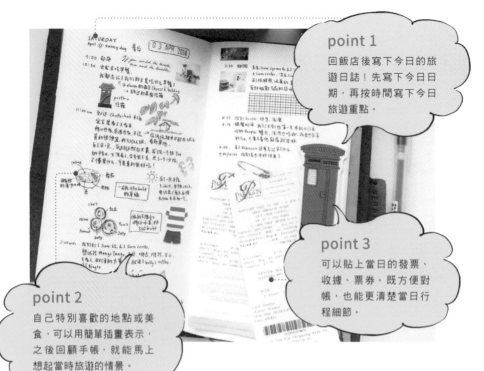

point 1

回飯店後寫下今日的旅遊日誌！先寫下今日日期，再按時間寫下今日旅遊重點。

point 2

自己特別喜歡的地點或美食，可以用簡單插畫表示，之後回顧手帳，就能馬上想起當時旅遊的情景。

point 3

可以貼上當日的發票、收據、票券。既方便對帳，也能更清楚當日行程細節。

point 1

貼上可愛的餐廳名片，和用餐的收據。

point 2

在餐廳名片旁，寫下用餐的感受和食物的描述。

point 3

貼上拍立得或照片，翻開就能回憶當時美景。

插畫・手帳

point 1
畫下自己喜歡的食物外包裝！雖然不喝酒，也沒關係。

point 2
畫出自己當日餐點，並寫下插畫的時間。

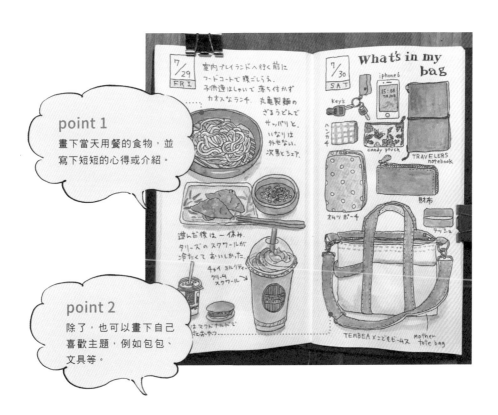

point 1
畫下當天用餐的食物，並寫下短短的心得或介紹。

point 2
除了，也可以畫下自己喜歡主題，例如包包、文具等。

咖啡 · 手帳

point 1
紀錄自己喜歡的咖啡館。

point 2
不擅畫圖的人，也可用印章或是貼紙來裝飾喔。

料理 · 手帳

point 1
料理畫早餐是個不錯的選擇！因為顏色相當繽紛，畫起來特別好看！

家庭 ・ 手帳

point 1

寫出初為人父，緊張又興奮的心情。

point 2

用繽紛多彩的插畫，表達內心喜悦的感受！

point 1

成家後，有時筆記本就不再是「自己的」，也成了老婆的留言本。

\ 想要！找到適合的文具 /
讓人愛不釋手的文具
STATIONARY SELECTION

大人小學 古文具

SHOP DATA >> P158-165

好想使用這些文具哪。此篇由
隱身信義區安靜巷弄，2016
年最受矚目的古文具店「大
人小學古文具」的店主—桑
德，來為我們介紹許多令人
愛不釋手的手帳與文具吧！

店主：桑德

1970 年代迷你金邊手帳本

昭和時期的筆記本。復古大方的紅
色外皮與金邊，
映襯著獨特的懷舊氛圍，內裡的細
緻紙質與淡淡藍線一點也不馬虎。
NT 250

硬殼哥德風格迷你筆記本

墨綠的左翻小型筆記本。
硬殼封面印著哥德體
Autograph，搭配內頁有些
泛黃的紙張，拿在手上彷彿
有著時代的重量。
NT 250

昭和時期的英文習字本

昭和時期的英文習字本。第一頁是英文字
母手寫示範，想起剛學英文字母時的不順
手。用來練習英文花體字也很好用呢。
NT 150

和手帳一起用！

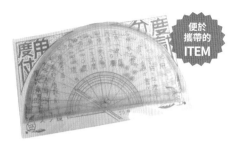

大正時代復古三角板

小巧好攜帶的大正時代三角板。復古的外包裝，讓人捨不得使用。
NT 100

紅色漢字的古量角器

印著紅色漢字的量角器。雖然社會人士已不需再為物品量角度，不過夾帶在手帳內，偶爾想畫弧線就很方便了。
NT 150

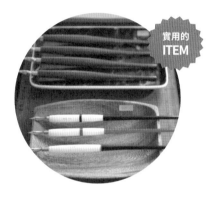

BEAVER 日本製沾水筆

BEAVER 日本製沾水筆
NT 380

直尺

黃藍的配色，擁有極佳質感的直尺。兩側皆可測量。
NT 50

繪圖專用的橡皮擦

繪圖專用的橡皮擦。
設計簡約且能俐落去除鉛筆線條。
NT 50

復古連續型日期章

復古連續型日期章。非常實用的日期章，適合愛寫手帳的人，標記日期既容易又好看。
NT 280

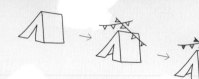

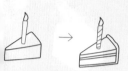

PART 04

可愛又實用的手帳
鋼珠筆塗鴉練習帳

+

黑色原子筆
照著描！畫下自己喜歡的物件

可用於筆記本的可愛插畫
讓四色鋼珠筆點綴你的手帳

Lesson 1

讓筆記變華麗的可愛插畫

表情 Expression

開心

畫出輪廓　　　畫出髮型大　　　為畫上眼睛及為頭
　　　　　　　大的微笑　　　髮塗上一點色彩

難過

畫出輪廓及　　　畫上皺眉及微彎　　　加上眼睛及紅髮
髮型　　　　　的嘴巴

生氣

畫出輪廓及　　　畫上眉毛及彎嘴　　　加上眼睛及紅髮
髮型

想睡覺

畫出輪廓及　　　畫上彎眉及大嘴　　　加上眼睛及紅髮
髮型

動物 Animal

貓咪

從耳朵開始　　　畫出斑紋和倒　　　最後加上眼睛、
勾勒　　　　　三角的鼻子　　　　鬍鬚及嘴巴

猴子

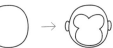 

畫出一個圓　　　加上內側內側　　　補上眼睛和鼻孔
　　　　　　　線條及耳朵

小狗

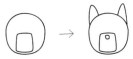

畫出一個圓，　　　加上三角形耳朵　　　最後加上眼睛及嘴巴
中間一個方形　　　及小方塊鼻　　　（注意：狗狗的人中
　　　　　　　　　　　　　　　　比貓再長一點）

小鳥

畫出小鳥的輪廓　　　補上翅膀及嘴巴　　　加上眼睛、爪子
　　　　　　　　　　　　　　　　　和羽毛

植物 Plant

楓葉

畫出葉子的上方　　　將其他葉子及莖　　　最後塗上色彩
　　　　　　　　畫出來

玫瑰

畫出主要花瓣　　　往上加上小花瓣　　　最後加上小刺
　　　　　　　和玫瑰的莖　　　　　和塗上紅色

食物
Food

啤酒

| 先畫出一個
玻璃杯 | 加上三條線，
變成啤酒杯 | 補上泡沫及泡泡 |

漢堡

| 先畫第一層
麵包 | 將肉、沙拉下
層麵包畫出 | 最後爲沙拉塗上綠色
及將肉加上幾筆斜線 |

飲料

| 畫出杯子外觀 | 加上吸管 | 畫上幾筆線條點綴 |

熱茶

| 先畫一個橢
圓代表杯緣 | 將杯身畫出 | 塗上綠色的茶及紅
色的熱氣 |

文具
Stationary

尺筆

| 畫出兩個長方形 | 加上筆頭、橡皮擦
及尺的圓洞 | 畫出刻紋及將筆
身著色 |

鋼筆

| 畫出筆蓋及筆身 | 將鋼筆外觀畫出 | 著上顏色 |

工作
Job

電腦

| 畫出一個方框 | 加上螢幕底
座及滑鼠 | 補上細節 |

書本

| 畫出書封 | 加上內頁 | 用紅色鋼珠筆在
封面寫上 BOOK |

大樓

| 畫出大樓的長方形 | 畫出避雷針及將大
樓墊高 | 用綠色畫出窗戶 |

信件

| 畫出一個倒三
角形 | 補上信封輪廓 | 加上細節 |

天氣 Weather

晴天

畫出一個圓圈　　用紅色在對角畫出陽光　　補上剩餘陽光

雨天

用綠色畫出雨滴斜線　　在空白處補上長短不一的斜線　　加上更多斜線將整體外觀

陰天

畫出一朵雲　　用藍色畫上後面的雲　　用斜線加上陰影

颱風

用藍色畫出主要的風　　在兩色補上線條　　加上更多線將整體外觀

美容 Beauty

吹風機

畫出吹風機的輪廓　　畫出吹風機的輪廓　　用紅色筆畫出進風口

口紅

畫出本體　　加上口紅跟係鞋　　用紅色跟斜線來上色

紀念日 Anniversary

聖誕節

畫出兩個連在一起的三角形　　在補上一個更大的三角形　　在補上一個更大的三角形

結婚

畫出五邊形的鑽石輪廓　　在下方加上戒指　　將補鑽石切面細節及閃光

旅行

畫出三角形的帳篷　　在上放加上旗子　　將旗子著上不同顏色

野餐

畫出野餐籃的主體　　加上把守及紋路　　用不同顏色畫出籃子中的麵包

生日

畫出蠟燭　　加上蛋糕　　將細節完成

Lesson 2

便於用來裝飾文字的插畫

Lesson 3

線框插畫

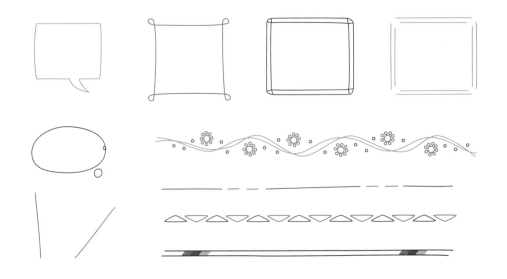

【照著描！】

黑色原子筆
畫下自己喜歡的物件

如果能在手帳上描繪自己的喜歡東西就太棒了！不過，寫實的畫風實在不容易啊，先跟著線條描
繪一次後，再自己試著畫看看！

Kanken 後背包

近年相當受年輕女生歡迎的 Kanken 後背包是來自瑞典，方正的外觀且相當耐用，後背包上還有一個狐狸的
LOGO 十分可愛。

YSL 奢華緞面鏡光唇釉

水潤又顯色的特性，高雅質感好的外包裝；從包包裡拿出來就覺得開心無比。

LAMY 鋼筆

來自德國的 LAMY 鋼筆，尤以 Safari 狩獵系列最受歡迎，是 CP 值極高的鋼筆，且筆桿顏色選擇多，是文具控
不能錯過的選擇。

血型手帳診斷室—

從自己血型挑選最適合的手帳吧！

2017年就要來了，到底為明年的自己準備什麼樣的手帳呢？手帳越出越多款式，薪水卻從沒增加，這怎麼辦才好哪？就讓我們用自己血型來診斷，哪一款手帳才是最適合我們的！

+ +

A 型人的手帳

性格分析

· 外表溫和，其實最討厭輸
· 控制欲強，希望所有事都照自己計畫進行
· 玻璃心，表面上裝作不在意，其實很在意別人怎麼看自己
· 完美主義，覺得做就要做到最好（不太能承受他人的批評）

 ＼ 手帳使用習慣 ／

學生時期

從小就是筆記控，而且筆記本往往比同學薄，因為完美主義的你，很容易因為一個錯字或一行沒寫漂亮的字，而撕掉那一頁重寫。上課筆記往往是班上最整齊仔細的，但成績大多只在中等……從小就有使用手帳的習慣，是哪種一股腦把所有事都寫進手帳裡的人，無論是功課、作業、與朋友出去玩的紀錄，喜歡黏貼票券、DM，所以手帳往往比人厚。

出社會後

A 型人工作認真、負責，而且很好勝，為了管理工作上的大小事，經常隨身帶著手帳。無論開會、外出拜訪、甚至約會也會隨身帶著手帳。裡面寫滿了密密麻麻的工作預定、代辦事項、筆記……還會覺得將手帳寫得如此滿的自己很迷人。為了隨時有手帳陪伴，還會一次同時使用兩本以上的手帳，無法想像沒有手帳的生活。

適合手帳品牌

A 型人相當重視手帳的實用度，內頁表格的設計往往是他們購買的第一考量。HOBO 日手帳、自分手帳、MARKS……等日系品牌的手帳，往往是他們的優先選擇。

B 型人的手帳

性格分析

· 個性開朗，表面上無欲無求，其實很想往上爬
· 不喜歡妥協，往往遇強則強，遇弱則弱，端看對方的態度
· 經常以「我們 B 型人就是愛自由」作為保護盾，其實是向人撒嬌的表現
· 討厭束縛，對時間也很散漫，經常爽約

 \ 手帳使用習慣 /

學生時期

你不喜歡做筆記，翻開你的筆記本，上頭往往都是天馬行空的塗鴉。不可思議的是，這樣的你，雖說不算成績很好，但因為腦袋靈活，而且很會抓重點，所以往往可以靠 20 分的努力拿到 7、80 分的成績。所以，你並不認為自己有必要寫筆記。不太使用手帳，就算趁流行買了手帳，仍舊不會按照上面的時間準時赴約或交作業。

出社會後

B 型人討厭被人拘束，為了不受人管束，想出人頭地的欲望反而比其他人強烈（只是他們往往掩飾得很好）。由於學生時期就沒有筆記的習慣，出社會後依然覺得紙本手帳很累贅。你是個瘋狂的 3C 迷，會活用各種 APP 來紀錄行程與會議內容。你最常使用的是筆記工具是智慧型手機和大腦（你覺得只要記重要的事情就好）。

+ +

適合手帳品牌

B 型的人不太有使用手帳的習慣。就算有做筆記的需求，也會傾向使用 GOOGLE CALANDER 管理行程，或是 EVERNOTE 做筆記或會議紀錄。

O 型人的手帳

性格分析

· 外表看起來態度積極，很想往上爬，實際個性卻很懶散
· 對自我要求不高的「差不多先生」
· 容易配合當下氣氛誇下海口答應別人，事後忘得一乾二淨
· 喜歡跟人維持友好關係，希望大家都能喜歡自己（一旦知道自己被討厭會過度沮喪）

 ＼ 手帳使用習慣 ／

學生時期

自小對筆記本就沒有什麼太大要求，不會羨慕同學們的漂亮的筆記本，覺得福利社賣的筆記本或作業簿經濟實惠又好用。因為希望得到老師的稱讚，剛開學時會強迫自己認真做筆記，只可惜往往撐不過一個禮拜就會放棄……手帳專門用來記跟朋友出去玩的事情，同一格裡，「唱 KTV」往往寫得比「期中考」還大，是不折不扣的玩咖。

出社會後

O 型人喜歡跟人群接觸，他們的手帳往往都是廠商或客戶送的「愛心手帳」。一來是因為你對手帳外觀的要求不高，覺得可以用來記事就足夠了。另一方面是因為想要討送手帳給你的人歡心，你是最有可能使用上面印有大大公司 LOGO 的乖乖牌員工。但是翻開你的手帳，會發現，只有前面 4、5 頁有寫，後面都是空白的。即使如此，你依舊會帶著手帳出席會議。

＋＋

適合手帳品牌

價格實惠的手帳是你的第一選擇，對你而言，只要可以用來記事，就算是回收紙的背面也能用得很開心。

AB 型人的手帳

性格分析

· 覺得「氣勢就是一切！」喜歡先發制人
· 無法忍受自己被忽視，總希望自己是全部人的焦點
· 表面大方、不喜與人計較，其實私底下算盤打得很精
· 階級意識頗強，只喜歡與自己相同水準的人來往

 \ 手帳使用習慣 /

學生時期

典型的筆記做得好，成績也好的優等生，自小就很挑剔筆記本以及筆記用文具，五顏六色的重點分類，考試前同學往往搶著借你的筆記去參考！（但你其實不喜歡借筆記給別人。）你的手帳往往也很有看頭，上面貼滿可愛的貼紙和紙膠帶，對你而言，手帳也是自己品味的象徵，學生時期就很注重手帳品牌。

出社會後

AB 型人喜歡表現得「高人一等」，你對自己隨身的物品非常挑剔，尤其是手帳和辦公用文具，更是你在公司裡「身分的象徵」。你有很強烈的成功欲望，投資自己也不手軟，所以你的筆記本往往是會議室裡看起來最氣派的那一本（有時甚至比老闆的還好），你的筆記本上有很多手繪圖表和文字，往往給人一種「工作能力很強」的感覺，看似隨手寫來，其實這都是經過你精密計算的效果。

+++

適合手帳品牌

知名品牌的萬用手冊是你的最愛，中高價位的 DAVINCHI、FILOFAX，乃至高價位的 LV……這些品貴的萬用手冊，你花起來錢一點也不手軟。此外，萬寶龍等高價的筆也是你心目中的「手帳好朋友」。

一起來　樂 017

給我看你的手帳吧！
全球最強 25 人手帳大揭密 x99 本熱血手帳徹底調查

作　　者　一起來手帳同樂會

文字採訪　Sophie、Yang

攝　　影　HAYASHI、林志潭、翁偉中

翻譯協助　Yonk

責任編輯　蔡欣育

美術設計　蕭旭芳

製作協力　楊惠琪

企畫統籌　蔡欣育

出版經理　曾祥安

社　　長　郭重興

發行人兼出版總監　曾大福

出版　一起來出版

發行　遠足文化事業股份有限公司

　　　www.bookrep.com.tw

　　　23141 新北市新店區民權路 108-2 號 9 樓

　　　客服專線　0800-22102

　　　傳真　02-86671851

　　　郵撥帳號　19504465

　　　戶名　遠足文化事業股份有限公司

法律顧問　華洋法律事務所　蘇文生律師

初版一刷　2016 年 11 月

定價　360 元

國家圖書館出版品預行編目 (CIP) 資料

給我看你的手帳吧！全球最強 25 人手帳大揭密 x
99 本熱血手帳徹底調查 / 一起來手帳同樂會等人
著. -- 初版. -- 新北市：一起來出版：遠足文化
發行, 2016.11
　面；　公分. -- (一起來樂；17)
ISBN 978-986- 93527-3- 4 (平裝)
1. 筆記法

019.2　　　　　　　　　　　　　　105017210